종교권력을 버려라

종교권력을 버려라

교회바로세우기 ④

임원주 지음
1판 1쇄 인쇄 2009년 4월 25일
1판 1쇄 발행 2009년 5월 1일

발행처 . 가나다출판사
발행인 . 이현주, 엄태헌
출판등록 . 2006년 11월 3일 제2006-11호

주 소 . 경기도 광주시 역동 135-33 202호 (T 0502-987-9870, F 031-763-9744, H 017-215-4833)
이메일 . holyjulee@empal.com

값은 뒤표지에 있습니다.
ISBN 978-89-92065-18-4 03210

종교 권력을 버려라!

| 임원주 목사 지음 |

가나다

저자서문

이 책을 읽는 독자들에게

기독교인은 "오직 믿음"만 있으면 되는가? 더 이상 아무 것도 필요 없는가? 예수님이 주님이심을 인정하면 더 이상 알 필요는 없는 것일까? 교회는 탈없이 그저 잘 굴러가면 그것으로 충분하고, 썩을 대로 썩고 자정능력조차 상실한 것은 교회지도자들이 윤리적이고 상식적으로 운영할 마음만 가지면 되는 것일까? 아니면 청렴하고 성경적으로 설교하는 목사에 시끄럽지 않은 교회로 찾아가면 그것으로 충분한가?

만일 그렇다면 사도 바울은 로마서와 갈라디아서만 썼을 것이다. 에베소서, 골로새서, 고린도전후서 등의 서신서들과 목회서신서들을 작성할 이유가 없었을 것이다. 신자들이 교회라는 유기체를 이룬 모습, 하나의 유기체로서의 교회가 존속하고 일을 행하는 모습, 우리는 그런 측면을 지나치게 가볍게 생각하고 있다.

교회를 어떤 형태로 조직해야 하는가 혹은 어떤 방식으로 일을 해야 하는가에 관해서는 "이단적"이지만 않으면 되고, 효율적이면 되고, 겉으로 드러난 결과만 좋으면 된다는 관념이 지배적이다. 세속화 역시 이단화의 지름길이라는 역사적, 성경적 교훈은 외면한 채 말이다.

교회의 형태와 일하는 방식의 차이는 예정론, 성육신, 그리스도의 죽으심과 부활, 속죄의 범위, 전가, 이신칭의 등과 같은 구원론이나 신론에서의 차이만큼 결정적인 것이 아니다. 그래서 오늘날에는 교회론에 관련한 옛 논쟁을 진지하게 생각하는 이가 별로 없다. 너나없이 쉽고 빠른 교회성장에만 골몰한다. 결국, 경영학이나 행정학, 심리학 혹은 엔터테인먼트 기법이 교회론의 자리를 차지하고 말았다.

교회 안에서 일어난 갈등을 세속 법정으로 끌고가는 것은 더 이상 뉴스거리가 아니다. 목사도 장로도 별수없는 인간일 뿐이고 교회에서 다툼이 벌어지면 세상보다 더 하다는 사실을 모르는 이가 없다. 목사와 장로 사이의 주도권 다툼이 없는 교회가 없을 정도이다. 그래서 자정능력의 회복, 부패의 청산, 청렴한 목자상의 회복을 부르짖는다. 옳은 말이다. 그런 부분이 상처입었기에 그 상처는 그렇게 치유되어야 한다. 하지만 그것으로는 불충분하다. 우리는 더 나아가지 않으면 안 된다.

영미권 신학자들 가운데 17세기 청교도들이야말로 그 깊은 근본까지 나아갔다. 17세기 중반을 전후로 잉글랜드 신학자들은 잉글랜드 교회를 어떻게 조직해야 하는가, 즉 어떤 정치체제가 성경적인가에 관해 정말 진지하게 논의하였다. 사실, 심각하게 충돌했다고 표현해야 옳다. 로마 가톨릭측의 교황주의, 국왕측의 에라스티아니즘(Erastianism, 국교회주의), 장로주의, 회중주의 적어도 네 파가 존재하였다. 웨스트민스터 종교회의는 최종적으로 장로주의를 채택하여 웨스트민스터 신앙고백서에 반영하였다. 장로주의를 잉글랜드 교회의 정치체제로 채택한 것은 장로주의 정체체제의 신학적 정당성보다는 스코틀랜드 종교개혁의 성공 경험, 스코틀랜드로부터의 적극적 후원을 기대한 잉글랜드 국회의 기대 즉, 정치적 고려가 크게 작용한 까닭이다.

장로교회가 한국에서 가장 큰 교파라는 점 때문에, 엘리트주의에 입각한 권위주의적 체계와 민주적 회의방식이 잘 조합된 점이 계급주의적 권위주의가 훨씬 강력한 한국 사회에 적합하다는 판단 때문에 그 구조가 갖는 함의와 그 구조적 문제점에 대한 보완방안, 그리고 회중주의라는 근본적인 대체안에 대한 연구는 외면당하고 말았다.

잉글랜드 국회는 잉글랜드 교회의 신앙고백서(웨스트민스터 신앙고백서)를 작성하면서 청교도들의 회중주의를 외면하고 스코틀랜드 장로제도를 채용하였다. 그 결과 잉글랜드는 웨스트민스터 신앙고백서를 외면하였고, 정치권으로부터 외면당했던 청교도 회중주의는 영미권에서 강력하게 발전하였다.

한국교회가 회중주의에 본격적으로 관심을 기울여야 하는 이유는 무엇인가? 존 오웬, 토마스 굳윈같은 유명한 청교도가 회중주의자여서라는 단순한 이유 때문은 아니다. 성경에 대한 탁월한 이해와 깊은 경건을 갖춘 고명한 신학자들의 교회론적 통찰은 하나님의 비전에 누구보다 깊게 맞닿아 있기 때문이다. 성경은 이미 처음부터 차근차근히, 교회의 구조와 체제 그리고 운용방식을 치밀하게 가르치고 준비해 왔고 그대로 할 것을 요구하고 있다.

노아에게 방주를 지으라고 명령하신 하나님은 그 식양과 치수를 정확하게 지시하셨고 노아가 그대로 하였기에 완전한 자로 인정받았다. 성막과 그 기물들, 제사제도, 제사장의 복장까지도, 심지어 그것을 만들 디자인과 작업책임자까지도 정확하게 지시하신 하나님이시다. "하나님의 말씀대로 하라"라는 명령은 성도 개인의 윤리적 실천만이 아니라 교회됨의 그 연합과 실천에 이르기까지 해당된다.

그래서 필자는 감히 말하고자 한다. "회중주의를 철저히 실행하지 않았다면 하나님께서 명하신 대로 다 준행하지 못한 것이다"라고. "하나님께서 원하시는 방법 그대로 하지 않는다면 당신의 열망은 무의미하다"라고. "올바른 것을 알려고 하지 않고 알아도 실천하지 않는 자에게는 회개와 용서는 말뿐이다"라고.

"회중주의"(congregationalism), 그 내용을 알고 싶다기보다는 그 내용을 전혀 모르면서도 이미 식상해진 단어이다. 신앙, 종교는 삶이어야 하는데 벌써 식상해진 전문용어를 다시 들춰내서 뭐하자는 것인지 짜증부터 날 수도 있다. 하지만 회중주의에 대한 이해 없이 한국교회의 개혁은 기약이 없다고 나는 단언하고 싶다. 회중주의를 실현하는 것 이외에는 달리 방법이 없다고 감히 단언한다.

한국교회가 회중주의 교회론으로부터 무엇을 기대할 수 있는지를 묻는다면, 회중주의 교회론의 가치를 한 마디로 표현하라고 한다면 "종교권력을 버려라"라는 말로 압축할 수 있다. 교회는 하나님과 그리스도의 것이다. 교회(회중)는 하나님의 권속이며, 그리스도의 신부이며, 교회의 머리는 그리스도이자 그리스도께서는 자신의 그 교회를 직접 통치하신다. 어떤 피조물도 주님의 거룩한 통치대권을 찬탈할 수 없다. 그것은 가증스러운 반역일 뿐이다.

16-17세기 종교개혁가들이 중세교회의 구원론을 결정적으로 바로 잡았다. 신론-인간론-죄론-기록론-구원론(성령론)은 거기에 부합하는 교회론을 요청하고 교회론은 교회의 정치체제에서 완성된다. 개혁가들이 최종적으로 매달린 문제는 교회론이었다. 그렇기 때문에 교회론에 대한 이해 없이는 개혁가들을 이해할 수 없다. 그로부터 최소 400년이 지난 지금, 우리는 어떤 교회론이 옳은지 역사적으로도 충분히 검증할 수 있는 때에 이르렀다.

그런데 여전히 회중주의의 난맥상을 지적하면서 회중주의 정치원리를 전면적으로 받아들이지 않는다. 오히려 교회를 교회팽창 프로그램 백화점으로 만들고, 개척교회조차 대형교회라는 프로그램 백화점을 흉내낸 슈퍼마켓처럼 꾸미는 행태를 멈추지 않는다. 속으로 종교권력을 꿈꾸고 있기 때문에 그런 것은 아닐까? 대형교회는 정말 참다운 교회일까라는 생각보다는 교회의 대형화가 주는 물리적 영향력, 금권(金權), 초법적 권세, 한마디로 종교권력을 향한 꿈을 꾸는 것은 아닐까? 그것이 나쁜 것임을 알겠지만 자기만은 막차라도 올라타서 그 달콤함을 맛보고 싶은 탐욕을 붙들고 있는 것은 아닐까?

회중주의 교회론은 시종일관 종교권력을 허용하지 않는다. 참된 종교성의 심화와 실천만을 가르친다. 권리 혹은 자아실현이 아니라 그리스도의 멍에를 메고 그리스도의 발자취를 따르겠다는 교회를 요구한다. 오직 섬김과 상호존중의 교회원리를 가르친다.

회중주의는 이상(理想)이다. 천상에서나 완벽하게 실행될 수 있는 원리이다. 그것은 하나님의 가슴에서 나온 원리이기 때문에 육적 인간들은 흉내조차 낼 수 없는 것이기에 지상성도들에게도 어쩌면 이상일 수 있다. 그러나 말씀과 성령으로 거듭나고 새사람을 입은 성도들에게는 현실성이 부여된 이상이다. 복음의 능력을 힘입은 이스라엘은 완성 여부를 떠나서 당연히 추진해야 할 강력한 목표이다. 성도가 지상에서 쌓을 가장 큰 미덕은 온전한 교회를 이루는 것이다. 예수님과 사도들이 그 일을 했다.

본서를 구성하는 33편의 글은 한국의 유일한 정통 침례교단이며, 회중주의 교회론을 가장 성경적으로 파악하고 실현한 침례교회 전통을 계승하는 기독교한국침례교회(기침)의 내부에서 일어난 국지적인 불미스러운 사건에 기인한다. 자칫 누워서 침 뱉기처럼 될 수 있고, 필사가 속한 교단에 누가 될 수도 있는 일이지만, 그 일을 다루면서 교단 현안문제의 해결을 떠나 기독교한국침례회라는 교단의 존재가치와 그 유산의 대단한 효용성에 다시금 눈을 뜨게 되었다.

이는 모 교회의 분쟁으로 인한 법원의 판결 이전에 법원이 기침에 정체성에 대해 물었던-내용확인서(?)를 요청하였을 때-것에 답변한 기침 총회의 답변서에서 발단이 되었다.

결국 침례교단 정체성에 관련한 문제로 발단이 되어 2006년 9월부터 2008년 9월까지 침례신문에 기고한 33편의 글은 본래 의도하였던 것은 아니지만 시간 순서대로 자연스럽게 3부로 나누어졌다. 2007년 교단 정기총회 직후에 문제가 되었던 "기침총96기016" 회신을 기준으로 1부와 2부로 나뉘고, 3부는 특별감사 후에 현안으로부터 한 발자국 물러나 2부의 글에서 파생된 의문점들을 연속적으로 다룬 글들이다.

다만 3부의 여섯 번째 글인 "장로직제에 관하여"라는 글은 침례신문에 기고를 중단하게 된 뒤인 2008년 9월 교단 정기총회 직전에, 호칭장로문제 직제연구위원회에서 준비한 보고문과 그 시행세칙 안이 침례교단을 장로교단식으로 뒤바꿀 위험이 있다고 판단하여 작성한 글이었지만 침례신문에 실리지 못 했다. 시간 순으로는 마지막 글이지만 글의 주제 때문에 3부의 중간에 넣었다.

각 글은 원안 그대로 싣도록 했지만 문맥을 매끄럽게 다듬은 곳들이 있고 각주와 글의 중간제목을 첨가했다. 제목은 거의 대부분 새로 잡았다. 대신 원제목을 남겨놓았다. 최초의 글은 침례신문 제745호(2006년 9월 15일)이고 마지막 글은 제837호(2008년 9월 5일)로 끝났는데 각 글에 붙인 날짜는 침례신문 지면의 (매주 금요일) 날짜대로 인 것이

몇이고 대부분은 침례신문 홈페이지(www.bpnews.co.kr)에 게시된 (매주 수요일) 날짜로 되어 있다. 이 점 독자의 양해 바란다.

한 권의 책이 빛을 보는 데에는 많은 사람들의 희생과 돌봄 그리고 섬김이 뒷받침한다는 사실은 더 이상 비밀이 아니다. 그럼에도 필자의 가족과 가나다출판사 관계자들이 이 자리에서 먼저 거명될 충분한 자격을 가졌다. 바른 교회의 모습, 한국교회 개혁의 방향성에 대한 저들의 확고한 철학과 신념 때문에 졸고는 책의 형태로 세상에 나오기에 필자는 그들에게 먼저 무한한 감사를 드린다. 또한 졸필에도 불구하고 특별하게도 많은 침례교 동료 목사들과 신자들의 관심과 후원, 그리고 격려로 글쓰기를 지속할 수 있었던 것을 이 자리를 빌어 감사드린다.

2008년 9월로 특별기고를 중단하게 되었지만 교회문제로 여전히 고통을 겪는 K교회 성도들에게, 해결의 기미가 보이지 않는 교단의 난맥상에 신음하는 침례교단 목사들에게 이 책이 다시 한 번 위로가 되기를 바란다. 본서에서는 침례교회 회중주의를 완전히 펼치지 못했다. 머지않아 충분하고 쉽게 정리된 교회론을 내놓을 수 있기를 바라며…

2009년 2월 3일
임원주

목차

[1부] 회중주의 원리가 살아 있게 하라 · 16

01 교황주의 모순을 털어내라 · 18

02 개별교회의 총회대의원권 · 25

03 회중주의와 민주주의는 다르다 · 32

04 회중의 대표재 회중이 파송한다 · 38

05 회중이 곧 교회 · 44

06 내적 예배 없는 외적 예배는 헛되다 · 50

07 교회는 하나님의 법을 따른다 · 56

08 기관은 교회가 아니다 · 62

09 총회가 총회기관을 통제한다 · 68

[2부] 교회, 정체성을 지키라 · 74

10 "기침총96기016"이라는 문서 · 76

11 올바른 답변서 · 89

12 고쳐지지 않는 오류 · 115

13 기괴한 답변 · 122

14 총회는 회중을 간섭할 권세가 없다 · 129

15 개별교회의 독립성을 보장하라 · 136

16 누가 주인인가? · 143

17 기막힌 판결문 · 150

18 특별감사에 바란다 · 157

[3부] 회중주의! 바로 알고 바로 세우자 · 164

19 침례교회식 회중주의의 정체성 · 166

20 목사직은 고귀하다 · 173

21 목회권은 분리되지 않는다 · 181

22 목사에 대한 징계 · 189

23 집사직은 항존직이 아니다 · 197

24 장로직제에 관하여 · 204

25 사무처리회: 최종의결기관 · 212

26 사무처리회와 규약 · 219

27 회중주의 법정신 · 226

28 교회규약의 필수규정 · 233

29 사무처리회 의결권 · 240

30 합력하여 선을 이루기 위해 · 247

31 전신자제사장 교리 · 255

32 담임목사 재신임 · 262

33 에필로그를 대신하여 · 270

[부록] 지방회(총회) 모범규약(안) · 278

[1부]

회중주의 원리가 살아 있게 하라

기독교한국침례교회는 단지 또하나의 교단이 아니다.

성경적 교회의 모습과 성경적 교회 연합의 진면목을 보여 주어야 할 역사적 책임을 진 교회 연합체이다. 교단 지도자들은 여느 교단정치목사들과는 달리 종교권력을 피하고 겸손히 하나님의 법에 따라 성경적 교회원리를 실현하는 모범을 보여야 한다.

회중주의 원리가 살아 있다는 것은 교회가 하나님과 그리스도의 뜻대로 살아 있다는 뜻이다. 피조물은 교회에 대한 하나님의 통치권을 방해해서는 안 된다.

01 교황주의 모순을 털어내라

교회는 참으로 해방된 성도들로 구성되며, 그 성도들(회중, 會衆)이 교회의 실체이다. 죄와 멸망으로부터 구원받은 성도들은 자신들을 자유케 한 하나님의 법도를 구하고 그 법도를 따라 자유롭게 행보해야 한다(시119:45, 약2:12). 그렇게 할 때 하나님의 통치가 구현되고 하나님의 나라가 실현되며, 성도들은 번영과 축복을 누린다(신30:9,16, 약1:25). 그 길을 가로막고 교회를 종교권력체계의 한 단위로 만드는 것은 사단의 미혹이다. 종교개혁은 권력화된 종교체계에 대한 저항이다. 회중은 신앙의 자유, 양심의 자유와 자유의결권을 보장받아야 한다.

총회규약 전문의 의의: 교황주의를 버려라

(침례신문 745호, 06.09.15)

침례교인들은 "법"[1]에 구속되기를 싫어한다. 그래서 "법"(law)이라는 말보다는 "약속"을 의미하는 규약(covenant)이라는 단어를 사용한다. 법률은 외적 강제력에 기초를 두지만 약속(규약)은 자발적 순응에서 비롯되기 때문이다. 하지만 체결된 규약도 법령에 속하는 것이기 때문에 "전문"(前文, preamble)으로 시작한다.[2] 얼핏 머리말 정도에 불과한 것 같지만 실제로는, "법령 제정의 취지, 목적, 기본원칙 따위를 선언한 것으로 그 법령의 일부로 인정받는 항목"이다.

다시 말하자면, 총회규약은 "기독교한국침례회"라는 교단조직에 가입하고 소속되기 위한 기본 사항들 즉, 회원의 자격과 의무, 교단조직 운영의 원리를 규정한 문서인데 그 문서의 각 조항의 기본 정신과 원리를 서술한 것이다.[3] 따라서 규약 전문은 규약 전체의 뿌리이며 근본이라고 말할 수 있다. "침례교"의 정체성을 침례교단에 소속

---

1. 여기에서 말하는 "법"은 공적 기구의 지배력에 의해 외적 강제되는 규율 혹은 규칙이라는 점에서의 법을 말한다.
2. 기독교한국침례회의 총회규약은 먼저 "침례교회의 이상과 주장"이, 그 다음에 "전문"이 나온다.
3. 기독교한국침례교 총회규약은 http://www.koreabaptist.net/html/introduction/agreement.asp에서 확인할 수 있다.

〈침례교회의 이상과 주장〉

1. 교회는 예수 그리스도께서 창설하였고 친히 머리가 되시며 그 입법자이시다.
2. 교회의 교리와 생활에 대한 유일하고 권위 있는 표준은 성경뿐이다.
3. 교회의 의식은 침례와 주의 만찬으로서 상징적 기념일 뿐 구원의 조건은 아니다.
4. 교회의 직분은 목사와 집사로서 이들은 교회를 섬기는 이들이다.
5. 교회의 정체는 민주 정치로서 행정만 할 뿐 입법은 하지 않는다.
6. 교회의 회원은 하나님의 말씀과 성령으로 거듭난 신자들의 모임으로 구성된다.
7. 교회 회원의 의무는 신앙고백으로 침례를 받고 신약성서의 모든 명령에 순종하는 것이다.
8. 모든 교회는 행정적으로 독립적이나 복음 전도 사업은 협동한다.
9. 교회와 국가는 상호 분리되어 있다.
10. 신앙의 자유는 절대적이다.

〈전 문〉

침례교회는 신약성경에 기록된 예수 그리스도의 말씀과 정신에 따라 생활 속에서 복음을 실천하고, 또 지상에서 하나님의 왕국을 확장하기 위해 역사의 소용돌이 속에서 꾸준히 노력해 왔다. 이제 자주성을 지닌 교회들이 자발적으로 연합하여 구성된 기독교한국침례회는 성령의 교통하심 안에 서로 협력하면서 천국 확장 사업에 거룩한 교제를 이루려는 공통 임무를 보다 효과적으로 수행하기 위하여 이 규약을 제정하는 바이다.

된 교회들의 정체성이라는 의미에서 찾는다면 총회규약 전문에서 찾아야 한다. 그리고 신자침례와 침수침례 이외에도 총회규약 전문의 정신을 전적으로 동의하지 않고서, 우리 교단에 소속된다는 것은 어불성설이라는 의미이다.

총회규약 전문에서, 회중의 측면에서 주목해야할 정신은 개별회중(a particular congregation)의 독립성, 회중의 자발성, 결사의 자유(the freedom of association), 이 세 가지이다. 이 세 가지 정신을 한 마디로 "회중주의"(congregation)라고 할 수 있다. 이것은 "성도의 회"에 최고의 권한을 부여하는 것이며 복음이 가르치는 정신이다. 여기에서 한 걸음 더 나아가 자발적 교회연합을 이루는 동시에 회중주의를 가장 바르게 제도로 구현한 것이 침례교회의 방식이다. 그래서 침례교회는 지방회(association)와 총회(grand association)로 모인다.[4]

오직 회중만이 교회이다.
회중을 통치할 외적 권세는 존재하지 않는다.

침례교회의 원리의 정반대 위치에 있는 것이 "교황주의"이고 교

---

4. 회중주의를 교회의 독립성 보장에서 그치는 것으로 이해하지 않고 자유연합(free association)의 정신으로까지 나아가 이해하는 대표적인 정통교파가 침례교회라할 수 있다. 사실 회중주의는 교회를 성도들의 자발적인 연합(association)으로 보고, 개별회중(교회)들이 자발적으로 연합한 것을 지방회(association)라고 보고 전국적인 범위로 연합한 것을 총회(Grand Association 혹은 Assembly)라고 한다. 동일한 "연합체"임에도 "회중(교회)", "지방회", "총회"라고 달리 번역한 것에 주의해야 한다.

황주의 정신을 제도화한 것이 "교구제도"에 입각한 감독정체이다. 교구제도란 지역중심으로 교회들을 조직화하는 것이며 그 본질은 우리 총회규약이 보장하는 회중주의 정신을 전적으로 부인하는 것에 있다. 교구제도에서는 교구장(敎區長) 혹은 교황이 법적 권한을 독점하고 회중은 전혀 권한이 없다.

교구제도 하에서는 어떤 교회가 그 교구에 가입하거나 타 교구로 그 소속을 옮길 때에도 해당 회중의 의견과는 전혀 관계없이 상부의 허락을 받아야 한다. 장로교회는 그 복음적 정신과 신학이 우리 침례교인들과 대부분 일치함에도 불구하고 우리가 장로주의 정치제도를 경계하는 가장 중요한 이유가 여기에 있다. 노회제도는 그 원리에 교구제도의 잔재가 아직 남아 있기 때문이다. 장로교 노회제도에서는 여전히, 목사의 안수와 교회 부임, 개별교회의 설립과 폐지, 개별 교회가 소속 노회를 바꾸는 문제에서 양쪽 노회의 허락을 얻지 않으면 안 되는 경우가 많다. 우리가 볼 때 이런 것은 여전히 교황주의 제도의 답습일 뿐이다.

최근 우리 교단에서 일어난 일을 사례로 검토해 보자. 어떤 지방회에서 어떤 교회가 지방회를 탈퇴하자 몇 가지 이유와 더불어 지방회규약에 따라 허락되지 않은 행위이므로 불법이라고 규정하는 광고를 몇 차례 게재하였다. 마지막 광고에는 현 담임목사의 역량 부족을 지적하면서 사임하라고 촉구하기까지 하였다. 게다가 이 문제를 방관한 총회임원들, 그 교회를 허입(許入)한 지방회에게 해명과 그 행위를 철회하라고 요구하였다.

침례교회 정신에 따르면 문제의 초점은 해당 교회의 회중이 적법한 절차에 의해 의사를 결정하고 지방회를 옮긴 것인가에 있다. 회중의 정당한 결의라면 지방회는 회중의 결의를 간섭할 수 없다. 그 교회의 담임목사에게도 책임이 없다.

만일 교황주의 정신에 따라 이 문제를 검토한다면, 지방회가 개별 회중보다 상위 권력기관이므로 지방회 규약 및 결정에 따라 그 교회의 탈퇴를 불법이라고 규정한다면 당연히 그 교회의 소속은 환원되어야 하고 그 교회의 책임자인 담임목회자는 책임 추궁을 받아야 마땅하다. (성도가 아닌) 양떼를 잘못 인도한 책임도 져야 한다.

만일 이 지방회규약 혹은 유사한 규정을 가진 지방회들이 자신들의 규약규정이 옳다고 고집한다면 이는 침례교회의 모습을 하였지만 속으로는 교황주의 정신을 추구하는 셈이다.

결론적으로 말해서, 어떤 교회가 지방회를 자유롭게 변경할 수 없다는 주장을 계속한다는 것은 침례교회의 정신을 근본적으로 훼손하고 거절하겠다는 의지의 표현일 뿐이다. 총회 지도자들과 침례교 전체 지도자들이 이 문제에서 해야 할 일은 "서로 다투지 말고 사이좋게 지내라"에서도 아니고 "지방회들 간의 분규는 교단발전에 무익하다", "문제를 일으킨 교회와 그 목회자가 잘못했다"라는 식의 생각에서 찾아서는 안 된다.

양비론, 양시론, 혹은 중도주의적 사고방식은 문제를 해결할 수 없다. 지도자라면 마땅히 취할 것과 버릴 것을 구별하고 올바른 길로 과감히 이끌어야 한다. 침례교 정체성을 더욱 드러내고 회중주의를 더욱 순전히 발전시켜 하나님 나라를 이 땅 위에 실현하도록 하는 것도 지도자의 사명이다. 우리 안에 있는 모순을 발견하여 시정하도록 최선을 다하는 것은 지도자의 첫 번째 할 일이다.

> **회중주의가 온전히 실현될 때 교회는 성경적이 된다.**

다시 말하거니와, 지방회규약의 규정 혹은 총회규약의 규정이 어떠할지라도 그 조항이 규약전문에서 대전제로 제시한 침례교회 회중주의 원리와 모순을 일으킨다면 그 모순을 빨리 정리하고 해결해야 한다. 이것이 지도자들이 마땅히 해야 할 일이다.

침례교회는 회중 이외의 조직체에 재판 기능을 두지도 인정하지도 않기 때문에, 어떤 지방회 혹은 회중이 총회인준을 받거나 가입할 때 그 규정들이 침례교의 근본정신 및 원리에 저촉되는 항목을 가지고 있는가에 관해 엄밀하게 확인하여 이런 일이 일어나지 않도록 미연에 방지해야 한다. 성명서위원회 혹은 규약위원회를 두어 이런 일을 처리하게 해도 좋겠다.

개별교회의 총회대의원권 02

노숙자가 자신이 노숙하던 지역의 노숙자들을 대표해서 국회에서 자신의 입장을 역설하는 모습을 상상해 보라. 오늘날 교단 총회는 전국의 수많은 교회들이 자신들의 대변자를 보내 하나님의 일을 논하는 자리가 아니다. 쟁쟁한 교회를 배경으로 한 유명한 정치목사들의 경연장으로 전락한 경우가 대부분이다. 작금의 총회와 개별교회(회중)는 상명하복의 관계일 뿐이고 성도들의 목소리는 청원(請願)이라는 형식으로 그저 자비를 간청하는 것 정도로 보일 뿐이다. 교회개혁은 개별교회 성도들이 직접 선출한 대표자가 국회든 총회든 어디든지 가서 자신들의 목소리를 그대로 전하고 성도들의 권익을 보장하는 방향으로 이뤄져야 한다. 이런 방향성이 새로운 사실만은 아니다. 이미 16세기 후반에 주장되었고, 실현되기도 했었다.

지방회 무소속 교회에 대의원권을 허하라!

(침례신문 750호, 06.09.22)

지방회에 소속되지 않은 교회는 총회 대의원권이 없는가?[5] 대의원권을 주지 말자고 총회에서 다수결로 결의하면 그것으로 문제는 해결된 것인가? 이 문제를 제기하거나 이 문제에 해당되는 교회가 비록 소수일지라도 혹은, 총회에서 대의원권을 주지 말자는 결의를 순순히 받아들인다고 할지라도 이 문제는 침례교 정체성에 관련하여 매우 중요한 논점을 안고 있다.

우선, 이 문제는 침례교 총회의 조직원리는 무엇인가라는 질문으로 돌아간다. 그리고는, 장차 우리 교단의 총회조직을 어떤 원리에 입각하여 어떤 방향으로 발전시켜야 할 것인가라는 두 번째 문제를 다룰 것을 요구하는 셈이다.

우리 침례교회의 "총회"는 다른 교파와는 달리 "컨벤션"(convention)에서 번역한 것이다. 회중들이 그 대표자들을 통해서 모였다는 뜻이

---

5. 장로교나 감리교 정치제도에서는 회중(개별교회, 지교회)과 전국적 차원의 총회 사이에 노회(장로교) 혹은 연회(감리교)가 있다. 이 경우 총회는 각 개교회에서 대표자를 보내는 것이 아니라 그 중간 기관에서 대표자를 선출하여 파송한다. 그러나 침례교회에서는 각 개교회에서 대의원을 선출하여 직접 파송하여 회의체를 구성한다. 이 글에서는 침례교 총회와 개교회 사이에 지방회가 구성되는데 그 지방회에서 탈퇴한 개교회에게는 총회대의원권을 주지 말자는 결의에 대해 회중주의 원리에 입각하여 비판한 글이다.

고, 이것은 직접적으로는 미국 침례교인들의 전통에서 비롯된 것이다.

미국에서 1814년에 결성된 "3년차 총회"(Triennial Convention 혹은 General Missionary Convention of the Baptist Denomination in the U.S.A. for Foreign Missions)가 최초의 전국적 규모의 총회인 셈이다. 조직 명칭에서 쉽게 알 수 있는 것처럼 미국 최초의 전국적인 총회모임 역시 선교사역을 위한 모임이었다. 매년 100달러의 선교헌금을 보내는 교회에 2명의 대표를 파송할 권한을 주었고 이에 따라 처음에는 11개 주에서 33명의 대표자들이 모였다.[6] 1830년대부터 불거진 선교비 배분 문제, 1840년대에 갈등을 일으킨 노예제도 찬반 문제 때문에 1845년에 남침례교단(the Southern Baptist Convention)이 분리하였다. 때문에 오늘날 미 남침례교단의 역사적 출발점은 권위주의적 제도화에 있는 것이 아니라 개별 회중들이 복음적 협동사업을 위해 자발적으로 모인 것에 있었다.

> **총회는 복음적
> 협동사업을 위한 기구일 뿐이다.**

잉글랜드와 미국 침례교회의 선조들은 그 신학이 무엇이든 간에

---

6. 이로부터 "컨벤션 방식"(conventionalism)이라는 새로운 유형의 총회가 등장하였다. 그 전까지 침례교 총회는 사실상 지방회(association)가 확장된 형태로서 "grand association"이라고 할 수 있는 형태였다. "컨벤션"이 "그랜드 어소시에이션"과 다른 점은 개교회 이외에도 기관이나 단체에서도 대의원을 파송할 수 있다는 점이다. 단, 대의원권을 얻기 위해서는 "(선교)협동비"를 냈어야 하고 대의원 등록절차를 밟아야 한다.

총회를 "회중 즉, 개별 교회가 파송한 대표자들이 모인 것"으로 보았다. 이것이 장로교 총회와 다른 점이다. 장로교 총회는 어떤 경우라도 "(장)노회"의 대표자들 즉, "총대(장로)들의 모임"이다. 다시 말해서 당회(consistory)를 구성할 자격을 갖춘 목사장로(목사회원)와 치리장로(장로회원)만이 개별 교회를 대표하여 노회를 구성할 수 있다. (장)노회는 그 노회에 소속된 목사회원 전원과, 규정에 따라 선출 파송된 치리장로로 구성된다. 노회에서는 목사회원과 장로회원을 같은 수로 뽑아 총회에 파송한다. 즉, 개별 교회는 자신들의 대표자를 총회에 직접 보낼 수 없는 것이 장로주의 정치체제의 중요한 원리이다.

그렇다면, 침례교회에서 지방회에 소속되지 않은 개별 교회는 총회 대의원 자격을 가질 수 없다고 규정하거나 결의하는 것은 다수의 선택이라는 점에서 명분을 갖기는 하지만 그 원리에 있어서 장로교 정치체제를 따르기로 결의한 셈이다.[7]

만일 우리 교단 총회가 장로교단처럼 지방회들의 수고와 비용분담으로 유지되고 있다면 총회가 인준한 지방회에 소속되지 않은 교회들은 총회 대의원 파송권한이 없고 또한 협동비를 납부할 이유도 없다. 따라서 그러한 결정은 그다지 모순없이 집행될 수 있다.

---

7. 개별교회가 지방회에 가입하기를 거절하거나 가입했던 지방회를 탈퇴한 이유가 타당하다면 총회기관들은 그 문제점들을 먼저 해소해야 하고, 지방회무소속 교회들을 적절한 교제를 나눌 수 있는 지방회로 인도하거나 새로운 지방회를 구성하도록 하는 것이 옳다.

그러나 현실적으로 우리 총회는 침례교 전통에 따라 개별 교회가 자발적으로 책정하여 보낸 협동비로 유지된다. 미국 최초의 총회인 3년차 총회를 전범으로 삼는다면, 이 협동비 때문에 총회회원자격이 발생 혹은 유지된다. 그러므로 협동비를 받으면서 대의원 자격을 부정하는 것은 자기모순을 일으킨 것이다. 교단 정체성과 운용원리를 전면적으로 바꾸기 전에는 그런 식의 결의를 할 수도 없다.

> **자발적 협동비 납부로 인해
> 개별교회의 총회회원 자격이 유지된다.**

가능한 빠른 시일 내에 두 가지 노선 중에 하나를 선택해야 혼란이 없어진다. 장로교 원리를 정식으로 채택하여 지방회 무소속 교회들에게 대의원 자격을 주지 않는 동시에 협동비 제도를 없애고 (장로교단 식으로) 총회는 지방회 대표자들로 구성하고 지방회 분담금을 거둬 총회를 유지하는 쪽으로 개편해야 한다. 이 노선으로 변경하지 않겠다면, 침례교 본연의 방식을 일관성 있게 추구해야 한다. 대의원 자격 자체만을 볼 때는, 규약에 따라 총회에 가입하여 협동비를 내는 모든 개별 교회에 지방회 소속과는 상관없이 대의원 등록자격을 주는 것이 원리에 부합한다. 총회에서 다수결로 어떻게 결의하였을지라도 말이다.

반드시 염두에 두어야 할 것은, 다수결(多數決)이 절대적 선(善)이 아니라는 점이다. 지난 호의 칼럼에서 지적한 사항이 오늘의 논제에도 그대로 적용된다. 침례교 총회와 혹은 그 어떤 협의체에서 절대다수 심지어 만장일치로 결의된 사항이 총회규약의 전문에 명시된 근본정신에 위배되면 그 결의는 무효가 된다. 불법을 결의한 것이기 때문이다. 그럼에도 집행해야 하는가?

> **회중주의 원리를
> 무시한 결의는 원천적으로 불법이다.**

물론, 회중주의 원리는 다수결로 결의한 신법(新法)이 구법과 모순을 일으킨다면 구법이 무효가 된다고 보고 규약 전문의 정신을 버려야 한다고 말할 수 있다. 하지만 이것은 회중주의 원리가 아니라 "민주주의"라는 세속적 원리를 세속적 방식으로 주장하는 것이기 때문에 정교분리(政敎分離) 원칙을 스스로 범하는 것이다. 정교분리란 세상은 세상의 법대로, 교회는 교회의 법대로 다스려야 한다는 정신이다.[8] 비록 민주주의가 교회 안으로 들어온 것이 회중주의라고 (잘못) 부를지라도 하나님의 말씀과 법, 그리고 하나님의 말씀에 따라 스스로 세운 규약이 최종 권위를 갖는 것이 보다 근본적인 원리이므로 이 원리를 넘어설 수 없다. 그런 점에서 다수결이 절대선이 아니다. 하나님이 사람보다 우선하고, 그리스도의 교회가 교회다워지는 것은

---

8. 정교분리(政敎分離)란 유럽 사회가 근대에 접어들면서 세속화되고 세속 통치자들이 자신의 영역을 세속화된 법에 의해 통치하게 되면서 교회 쪽에서 세속영역과 교회영역을 분리하자고 제기한 주장이다.

다수결을 따른다고 되는 것이 아니기 때문이다.

**다수결이
절대선이 아니다.**

 침례교 원리에 따르면, 다수에 의한 결정일지라도 총회에 가입한 회중들이 자신들의 대표자를 파송하고 그들을 통하여 회중의 의사를 대표할 권한을 제한할 능력은 그 회중 자체 이외의 어디에도 없다.

03 회중주의와 민주주의는 다르다

교회의 부패와 혼란은 독재 때문이라고 생각하는가? 독재를 바로잡기 위해서는 민주주의가 필요하다고 생각하는가? 아담은 하나님의 자리에 자신을 올려놓았다. 자신이 최종적 입법자가 되었고 재판관이 되었다는 것이다. 자기 자신을 위해서 살기 시작한 것이다. 그것이 부패의 시작이고 인본주의의 시작이다. 민주주의적 교회개혁은 또다른 실패와 부패를 계획하는 셈이다. 교회를 교회답게 하기 위해서는 사람들의 지혜가 아니라 하나님의 원리대로 해야 한다. 성경 전체가 보여 주는 교회 원리를 체계화한 것이 회중주의(congregationalism)이다. 그러므로 회중주의를 알아야 교회개혁의 방향을 바르게 할 수 있다.

회중주의와 민주주의: 회중주의는 민주주의가 아니다

(06.11.03)

침례교회의 정치원리는 회중주의(會衆主義)이다. 그러나 회중주의를 민주주의에 견주어 이해하는 데는 진지하게 고려해야 할 점들이 있다.

먼저, 민주(民主)라는 말에 주의를 기울여보자. "민"(民)을 구성하는 한 사람으로서 "민주"라는 말과 그 의의 자체를 싫어하고 반대할 이유를 찾기 어렵다. 민주주의란 국가권력 혹은 정치권력을 장악하여 그것을 업(業)으로 삼는 소수의 존재를 거부하고 권력은 그 인민 전체에게 있다는 의미이다.

민주주의는 그 뿌리를 고대 그리스 도시국가에 두고 있다지만 역사적으로 단절되었다. "근대" 자유민주주의는 18세기 프랑스 대혁명과 미국 독립혁명을 통해 서구세계에서 확립되어 발전한 것이다. 근대의 서구 민주주의는 유럽이 중세시대를 거치면서 상업과 산업이 발전하면서 중산층이 형성되었고 이 중산층이 자신들의 이념을 고대 그리스 철학에서 찾았다. 이들은 국왕과 같은 통치자들에게 세금 납부를 대가로 자치권을 획득하여 자치도시를 이뤘다. 이런 역사적 뿌리에, 근대 계몽주의자들이 근대적 이념을 부여하여 발전시킨 것이다.

고대 그리스 사상의 다신교적, 세속주의적 특성은 반-기독교적 계몽주의에 의해 더욱 반계급적, 반전통적이 되었다. 그리고 그것을 반-중세적이라는 것으로 포장하였다. 당시 유럽에서, 왕족과 귀족이라는 통치 전담계급을 반대한다는 것에 덧붙여, 반전통적이었다는 것은 그 이전의 사회체제가 중세적 즉, 기독교적이었다는 점에서 반기독교적이라는 함의를 갖는다. 여기에서 "인간이 만물의 척도"라는 명구는 자연세계의 가치기준이 무엇인지를 선언한 것일 뿐만 아니라 하나님과 하나님의 법을 이 세상의 기준으로 삼을 수 없다는 입장의 천명에 다름 아니다.

민주주의 정치이념에는 반기독교적 성격이 있다.

서구 민주주의란 하나님 없이 사람들이 자유롭고 평등하게 살 수 있는 세상을 꿈꾼다는 것이다. 사람들이 사이좋게 산다는 것이 문제가 아니라 무엇이 옳은지에 대한 절대적 가치기준도 필요 없고 단지, 사람들이 서로 합의하면 그것이 곧 선(善)이라는 의미이다. 그러므로 민주주의를 천명한다는 것은, "신(神)없는 행복한 세상"을 추구한다는 선언이다.

"민본"(民本)이라는 말이 있다. 옛 조선시대의 통치이념을 가리키는 말이다. 피통치계급인 백성들이 나라의 근본이며 국왕의 통치권은 백성들의 뜻(民意)을 얼마나 잘 반영하는가에 달려 있음을 나타내는 말이다. 이 "민본"이라는 말은 피치자 입장에서는 기분 좋은 말이지만 통치계급의 존재를 암묵적으로 승인하는 말이며 통치자가 선정(善政)을 베풂으로서 백성은 그 은택을 입는다는 수직적 사회구조를 갖고 있다는 뜻이다. 그러므로 민본사상도 따지고 보면 통치술에 불과할 수 있고, 여전히 신본주의를 거부하는 울타리 안에 머물고 있다.

회중은 "거듭난, 지상적" 존재들이 집합한 단위체이다. 중생자(重生者)란 "예수를 자신의 구세주로 영접하여 새생명을 시작한 자"를 가리키지만 살아계신, 성경의 하나님이 참 하나님이심을 인정한 자이다. 중생자는 참 하나님의 법을 참으로 지키는 자이다. 중생자에게 있어서 만물의 척도는 "하나님"뿐이다. 그의 가치관은 전적으로 하나님 중심적이며 하나님 나라를 이루는 것이 그 지상목적이다.

회중주의란 지상교회 즉, 유형교회를 성도(聖徒)와 교회제도의 결합으로 보고 성도를 교회를 교회답게 하는 본질적 실체로 보는 것이다. "교회는 영원하다"라고 말할 수 있다면 그것은 교회의 외피(外皮)를 이루는 땅과 제도 때문이 아니라 성도들이 영생을 누리고 있으며 생명을 부활을 통해 천국에 들어갈 존재들이기 때문이다.

회중주의란, 모든 거듭난 사람은 하나님과 하나님의 법 앞에서 평등하며 하나님의 부르심을 입고 모인 각각의 회중은 그 머리이신 그리스도의 다스림을 받아 하나님의 법에 따라, 하나님의 목적을 이루기 위해 하나 된 무리라는 사상의 천명이다. 그러므로 회중의 존재 이유는 하나님이 기뻐하시는 뜻, 하나님의 법, 하나님의 목적 성취에 있다.

회중주의는 신주적, 신본적 질서를 추구한다.

회중주의는 신주적(神主的) 신본적(神本的)이라는 점에서 민주주의, 민본주의에 정면으로 반대되는 사상이다. 그렇기 때문에 그 방식에서 유사점이 아무리 많아도 회중주의와 민주주의를 비슷한 것으로 취급해서는 안 된다.

17세기 전반부는 종교개혁의 와중인데 영국 종교개혁은 국왕수장권(Royal Supremacy)을 받아들인 교회체제(앵글리칸)를 받아들일 것인지 말 것인지가 관건이었다. 앵글리칸 체제를 받아들이지 않고 영국교회로부터 분리한 사람들은 교회의 제도적(외적) 측면이 아니라 영적(내적) 측면을 교회의 본질로 보는 종교개혁 교회론을 따라 교회제도를 바로 잡았다. 이로써 회중주의 교회들이 출현하기 시작하였다.

이것은 "자유주의"와 "평등주의"가 결합된 근대 서구의 민주주의보다 시기적으로 앞선 것이다. 심지어 회중주의에서 하나님을 최고 목적으로 하는 그 정신성을 "사람 중심"의 정신성으로 대체하여 발전시킨 것이 민주주의라고 단언하는 것도 과연 속단이 아닐 것이다. 따라서 민주주의 정치이념을 교회 안에서, 교회 문화 속에서 구현해

보고자 하는 가운데 회중주의가 나온 것이 아니라고 다시 한 번 강조하고 싶다. 교회에서 회중주의를 추구하는 것은 그 민주성, 평등성 때문이 아니다. 하나님을 온전히 경배하고 하나님을 영화롭게 하는 원리의 구현이기 때문이다.

회중주의에 입각한 교회정치를 "회중의, 회중에 의한, 회중을 위한, 하나님과 그리스도의 통치"라는 표현으로 정의할 수 있다. 통치권력은 피치자인 회중 자체에서 나오며 양도불가능한 것으로 본다는 점에서 이것은 민주주의의 복사판처럼 보인다. 그러나 회중주의는 하나님의 위엄과 주권성을 최우선적으로 인정한다는 점에서 신주주의(神主主義)이고 민주주의와는 극을 달리한다.

회중주의와 민주주의는 차원이 다르다. 심지어 서로 반대쪽을 바라보고 있는 원수지간이다. 교회여, 민주주의가 아니라 회중주의를 실행하라. "회중의, 회중에 의한, 회중을 위한, 하나님의 통치"를 실현하라.

04 회중의 대표자! 회중이 짜송한다

신토불이(身土不二)! 회중이라는 토양에 뿌리를 깊게 박고 그 회중과 운명을 함께한다는 확신이 가지 않는 교회대표자란 그 자체가 어불성설이다. 제도적 관행, 외부의 간섭에 의해 보장된 대표권을 가진 자가 무엇을 대변하겠는가? 목사와 목사가, 목사와 장로가, 목사와 성도가 갈등을 일으키고 충돌할 때 누가 심판해야 옳은가? 회중의 의중을 제대로 전달할 자는 누구인가? 누가 적임자인줄 누가 알겠는가?

회중주의와 대표원리

(06.11.17)

장로교회와 침례교회는 모두 회중주의를 표방한다. 그래서 혹자는 장로교회는 간접 민주정치제도를, 침례교회는 직접 민주정치제도를 채택한 것에서 차이가 난다고 말하기도 한다. 직접 민주정치는 그 사회의 구성원이 모두 한 자리에 모여 의논하고 결정하는 것을 가리키고, 간접 민주정치는 대표자를 선출하여 그에게 대표권을 부여하여 파송하는 것을 가리킨다. 대표권한을 위임받았지만 민주주의 정치라고 하는 까닭은 그 대표권을 위임받은 자는 권한과 자격만을 일시적으로 위임받은 것이지 그 신분이 독특하게 달라지는 것은 아니다. 그래서 귀족주의라고 하지 않는다.

장로교회와 침례교회는 모두 "대표자"를 파송하는 간접 민주주의 방식을 즉, "대의제도"를 채택한다는 점에서는 동일하다. 다른 점은 그 외면에 있는 것이 아니라 그 피선된 대표자의 자격과 위상 그리고 그를 둘러싼 교회론적 관점에 있다.

침례교회의 회중주의는 어떤 경우에라도 "회중의, 회중에 의한, 회중을 위한, 그리고 회중에 속한 대표자"라는 의미의 대표원리를 고집하는데 반해 장로교회의 회중주의는 사실상 회중으로부터 분리된 "장로직분"에 의한 신분제적 대표원리를 채택하였다는 점에서 다르다.

　침례교회적 원리에 의해 파송된 대표자들은 그 개인이 성도이기에 그러한 대표자들의 회합은 영적 교회의 속성을 가지고 있기에 함께 모여 경건예배를 드릴 수 있지만 대표자들의 집합을 개별적인 지상교회로 간주하지 않는다. 회중의 대표자들이 예배를 드릴지라도 본래부터 "교회"로 모인 "회중"이 아니며 지속적인 목회적 돌봄이 없고 교회의 책무를 감당하기 위해 직무를 설치하고 그 직분자들을 임명하지도 않는다.

　침례교회 회중은 집사든 목사든 그 회중을 대표할 만한 최적임자라 간주하는 자를 대표자로 뽑아 회의체에 파송한다. 목사 혹은 집사 혹은 장로 혹은 감독 등 그 어떤 호칭도 그 직분으로 임명한 그 회중의 목회적 돌봄과 교회적 책무를 위한 것이지 타 회중에 대한 신분표식이 될 수 없다. 그러므로 한 회중의 대표자가 타 회중을 방문할 때는 오직 "메신저"라는 자격만을 가진다. 원칙적으로 볼 때, 타 회중의 직분자를 자기 회중의 직분자처럼 대우하는 것은 부적절한 면이 있기 때문이다. 회중 외부에 존재하는 어떤 기관, 제도, 협의체에 대해서도 동일한 방식을 적용한다. 그래서 각 회중은 지방회에 메신저를 파송하듯이, 총회에도 직접 메신저를 파송하는 것이 침례교회 특유의 관례이다.

> 회중은 자신의 진정한 메신저를 선출하여
> 파송할 고유권한을 갖는다.

감리교회는 말할 것도 없이, 감리교회보다 훨씬 회중주의화된 장로교회는 비록 회중주의를 표방할지라도 침례교회만큼 철저하지 않다고 보는 것은 이 때문이다.

장로교회 정치제도의 핵심기관인 (장)로회 즉, "프레스비테리"(presbytery)는 각 회중 대표자들이 회의체이지만 지상교회로 간주된다. 즉 개별회중이 아니라 제도적 회의체인 노회를 교회로 간주한다. 개별회중은 그 교회의 일부일 뿐이며 그래서 지교회(支敎會)라고 한다. 그러나 침례교회는 각각의 회중을 하나의 지상교회(유형교회)로 간주하는 반면에 장로교회는 노회를 하나의 지상교회로 보고 각 회중을 그 지상교회를 구성하는 지체(member)로 간주한다. 장로교회에서는, 장로 신분자들의 집합체인 노회가 미리 정해놓은 자격기준을 충족시키고 심사에 합격된 자(장로)가 그 회중에 있을 때, 만일 없다면 노회에서 파송된 자를 그 회중이 받아들일 때, 비로소 그 회중이 지상교회에 연결되는 것이다.

장로정체에서 (치리)장로는 회중에서 세우지만 목사(장로)는 노회에서 세우고 회중이 받아들인다.[9] 이를 위임이라고 한다. 장로들은

---

9. 침례교회 제도에서는 독립된 개별회중이 합의하여 청빙하는 것으로 담임목사로 취임하지만, 장로교회 제도에서는 개별회중의 선택을 중요시 하지만 노회로부터 허락을 받아야 청빙이 이뤄진다.

장로교 헌법에서는 "평신도"로 규정되어 있지만 안수식에 의해 "항존직"으로 구별되고 목사장로는 목회권을, 치리장로는 치리권을 독점하는 신분이 되는 셈이다. 즉, 장로교 회중을 대표하기 위해서는 "합법적으로 안수 받은" 목사 혹은 장로 신분이 되어야 한다. 그리고 그 직분은 다른 회중에서도 그대로 통용된다. 대표자들이 노회와 총회와 같은 공식기관으로 모였을 때도 단일한 "교회"라는 의식을 가지기 때문이다.

목사와 장로로만 구성되는 당회(consistory)에 통치권이 있고 회중은 통치의 대상일 뿐이다. 비록 회중 전체의 모임인 공동의회에서 당회의 정책에 대해 찬반을 묻고 거부하기도 하지만 중우정치로 무너지기 쉽다. 안수받은 자들 외의 일반 성도는 원천적으로 정책 결정에 개입할 수 없는 "신분에 의한 귀족정치", 엘리트에 의한 차별정치를 하는 것이라고 볼 수 있다.

---

10. 한국교계에서 "교회회원권"(a membership of a church)이라는 용어는 매우 낯설다. 한국 교회의 일반적인 교인을 엄밀하게 나누자면 출석교인, 등록교인(원입교인), 학습교인, 세례교인으로 나뉜다. 이는 장로교 영향이 큰데 "어떤 개별교회에 등록하고 정규적으로 출석하며 헌금하는 세례교인"을 정식 교인이라고 본다. 하지만 원론적인 의미에서 일반적으로 생각되는 정식교인은 본서에서 언급되는 "교회회원"이 아니다. 그 교회의 사명에 전적으로 동의하여 그 교회 및 신자들과 모든 것을 함께하고 필요하다면 모든 것을 기꺼이 희생하겠다는 서약을 하고 그 서약을 기존의 전 교인이 진실하다고 받아들여 명실상부하게 그 교회의 일부가 된 교인을 의미한다. 이것이 옛 침례교회의 전통이지만 근래에는 많이 잊혀졌다. 침례교회 회중주의를 회복한다는 것은 이 정신을 회복한다는 뜻이기도 하다.

> 회중은 자신의 대표자를
> 자발적 합의를 통해 선출해야 한다

침례교회적 회중정치에서 볼 때, 장로교 노회를 구성하는 노회원들은 회중이 특히 교회회원권을 가진 자들이 자발적으로,[10] 자유롭게 선출한 대표자들이 아니며 따라서 회중의 대표자들이 아니다. 장로교 총회(General Assembly)의 경우도 회중이 뽑아 보낸 대표자들이 모인 것이 아니라 그 총회를 구성하는 멤버들인 각 노회에서 소수의 대표자들을 선출하여 파송하여 만든 것이다. 그런 점에서 장로교나 감리교 총회는 회중 즉, 성도들과 아무런 관련이 없는 회의체이며, 거기에 참석한 대표자(총대)는 회중의 자발적 합의와는 전혀 관련이 없다.

침례교회의 정치원리는 "회중의, 회중에 의한, 회중을 위한"이라는 표어에서 확인할 수 있는 그 정신을 가능한 모든 곳에서 철저히 고수하는데 있다. 또한 지상에서 성도들이 결속하거나 모이는 데에는 그 중심에 "목회적 돌봄"이라고 하는 회중중심 사고방식을 유지하고자 한다. 반면에 장로교회 정치원리에는 제도주의 사고방식이 많이 남아 있다. 또한 목회권이라는 이름 하에 희미하게나마 사제주의적 사고방식이 남아 있다.

성경의 정신을, 사도 바울의 교회관을 올바로 구현한 회중정치는 침례교회가 초창기부터 발견하고 실천한 방식이다. 이 유산은 종교개혁 후기에 침례교회가 맺은, 종교개혁 최고의 결실이라 할 만하다.

05 회중이 곧 교회

가정생활을 희생하고 많은 물질을 봉헌하여 예배당을 크고 멋지게 건축한다. 좋은 교회를 지었다고 기뻐하고 참으로 교회에 헌신한 성도라고 칭찬한다. 그러나 하나님의 관점은 이것은 아니다. 바울은 이와는 정반대로 가르쳤다(장절). 성경은 성도들을 그리스도의 몸, 진짜 교회라고 가르친다(장절). 성도가 자신의 가정을 믿음으로 돌보는 것도 참된 예배의 일종이다. 오늘날 많은 성도들은 참된 예배를 희생하고 진짜 교회를 쥐어짜 껍데기 교회(예배당)를 세우는 데도 실로 기쁘다고 한다. 이는 누구를 위한 것일까? 누가 진정 기뻐하는 것일까? 누구의 욕망을 채우는 것일까? 성도들의 모임(회중)이 진짜 교회라면 회중을 세워야 한다. 회중이 본질이라면 교회의 본질적인 회중에게 노력을 쏟아 부어야 한다.

회중주의와 교회

(06.11.24)

일상적으로 그리고 무의식적으로, "교회"(church)라는 말을 던질 때 그 말은 대개 건물이나 장소를 가리킨다.[11] 대개의 경우 이런 교회는 "기독교 신자들이 모이는 건물 혹은 신자들이 모여 예전과 행사를 치루는 특별한 장소"를 말한다. 아무리 진지하게 생각하더라도 "특별히 구별하고 정결케 하여 사용되는 예배처소"라는 관념에서 벗어나기 어려울 것이다. 그러나 봉헌(奉獻)이나 헌당(獻堂) 혹은, 봉헌된 예배처소를 교회의 정의로 언뜻 떠올리는 것은 좋게 보면 유형교회의 정의에 충실한 것이고, 나쁘게 말한다면 교구제도적 즉, 제도주의적 관념에 입각한 셈이다.

교구제도가 초대교회에 생겨난 것으로 추측할 수도 있지만 우리가 알고 있는 교구제도는 대략 10세기말에서 11세기 초엽에 서유럽에 정착한 제도이다. 교구제도란 지역별로 담당구역을 나눠 선교와 교육 그리고 예배를 책임진다는 개념으로 이해할 수 있다. 중세 유럽

---

11. 엄밀히 말해서, 마태복음 16장 18절의 "내가 이 반석 위에 내 교회를 세우리니"라는 말씀에서 "에클레시아"를 "church"(교회)라고 번역한 것은 일종의 오역이다. "에클레시아"는 히브리어 "카할"의 번역어이고, "카할"은 "총회"(assembly, 삿21:5), "회중"(congregation, 왕상8:14,22)으로 번역되었다.

의 교구제도는 처음에는 국왕이나 대영주의 통치영역을 크게 구획한 뒤에 봉건적 질서에 부합하게 단계적으로 작은 규모로 분할하여 말단 교구까지 이르렀다. 역으로 말단 교구가 합의를 이뤄 점증적으로 상부구조를 만들어 간 것이 아니며 사실, 그럴 수도 없었다.

중세시대 유럽교회는 이 교구체제 위에 교황주의와 성직계급제도를 올려놓았다. 교황주의 정신과 성직계급제도는 그리스-로마 문명이나 성경의 가르침에서 나왔다기보다는 게르만 문화의 소산이라고 보는 것이 옳다. 즉, 중세교회는 게르만화 된 교회이고 종교개혁은 신학적 성숙의 결과 성경적 교회로의 회복을 추구한 것이며 로마 가톨릭 즉, 로마교는 그 회복을 거절한 16세기 말의 교회형태인 것이다.

개신교회는 교황주의와 성직계급제도를 철폐하고 그 자리에 성경적 교회관과 원리를 회복하였다. 에베소서는 바울의 교회론이라고 볼 수 있는데 몇몇 구절을 특히, "교회는 그의 몸이니 그에게서 온 몸이 각 마디를 통하여 도움을 입음으로 연락하고 상합하여 각 지체의 분량대로 역사하여 그 몸을 자라게 하며 사랑 안에서 스스로 세우느니라 그리스도께서 교회를 보양함과 같이 하나니 우리는 그 몸의 지체임이니라"(엡 1:23, 4:16, 5:30)라는 진술을 살펴보면 바울에게 있어서 눈으로 보고 만질 수 있는 측면, 제도적 측면은 교회의 본질이 아니다. 교회의 본질은 우리 즉, 성도들의 유기적 연합에 있다.

성도들의 유기적 연합에
교회의 본질이 있다. 장소가 아니다.

고린도전서 11장 18-22절, "너희가 교회로 모일 때에(when you come together as a church) 너희가 한 장소로 모일 때(When you come together into one place) 너희가 먹고 마실 집이 없느냐 너희가 하나님의 교회를 업신여기고 빈궁한 자들을 부끄럽게 하느냐"라는 말씀을 보자.

여기에서 "한 장소"라는 말은 장소의 단일성을 강조한다기보다는 "그 한 장소에 모인 성도들 그리고 그들이 한 마음으로 모였다"라는 점에 역점을 두고 있다고 보아야 한다. 특히, 22절에 "업신여기고부끄럽게 하느냐"라는 말에서 바울의 관심은 그 장소가 아니라 "그곳에 모인 사람들"에 있다는 점을 알 수 있다. 또한 "하나님의 교회"라는 표현도 "총회" 즉, "함께 모인 자들"과 같은 의미이다(행29:32, 39, 41, 히 12:23).

쉬운 말로 하면, 영적-보편적 교회가 "교회로 모여" 유형적 몸을 입은 것을 우리가 교회라고 부르는 것이다. 영적 의미에서 볼 때 교회에 관한 정확하고 충분한 개념은 "성령의 사역에 의해 이미 그리스도의 몸을 이룬 성도들 가운데 일부가 어떤 정해진 장소에 가시적으로, 유형적으로 모인 것"을 가리킨다. 다시 말하자면, 그리스도의 성육신처럼 영적 교회가 유형적 몸을 입고 자신을 드러냈기 때문에 교회라고 부르는 것이다.

그러므로 교회라는 명칭은 어떤 제도적 체계화라든가 가시적 요소들을 갖추었기 때문에 붙이는 것이 아니다. 우주적 교회를 이미 이룬 지체들이기 때문에 이미 교회인데 성령의 인도하심 때문에 붙이는 것이다. 그렇다면 제도화 여부와는 상관없이 "모여 한 덩어리로 연합하였다는 것" 그 자체만으로도 "교회"인 것이다. 회중주의 정신이란 이런 교회관이 그 바탕에 놓여 있다는 사실을 반드시 고려해야 한다.

회중주의 교회관을 관통하는 원리는, "사람이 마음으로 믿어 의에 이르고 입으로 시인하여 구원에 이르느니라"라는 로마서 10장 10절 말씀이 보여 주는 원리 및 순서에 부합한다.

회중주의 관점에서 교회는, 성부·성자·성령에 의해 "결합되고"(joined) "함께 붙여진"(glued together) 성도의 연합(the union of saints)이며 (행 5:13, 9:26, 골 2:2, 엡 4:3), 두, 세 명 이상(마 18:20)이 한 장소에 모이기로 한 총회(행 1:14-15, 고전 14:23, 갈 1:2, 계 1:4)를 가리킨다. 이 "총회"는 예배를 드리는 것을 주된 목적으로 하고 함께 만나 교훈을 나누고 기도하는 무리이기 때문에 한 장소에 모일 수 있는 인원까지로 본다.

**교회를 이루기 위해
연합한 회중이 진짜 교회다.**

회중주의 정신을 취한다는 것은 교회 의사결정 절차를 민주적으로 한다는 것, 회중이 최종의사결정권을 가진다는 것과는 본질적으로 차원을 달리한다. 회중주의 입장을 취한다는 것은 호불호 문제 혹은 옵션이 아니다. 회중주의는 교회 내에서 권위주의 독재정치를 하지 않겠다는 수준도 훨씬 뛰어넘는다.

회중주의는 성경적 교회관을 철저히 따르겠다는 의지의 표명이며, 제도지상주의적 교회관을 철저히 제거하겠다는 의지의 천명이다. 다시 말하거니와 회중주의는 이 땅위의 교회를 똑바로 세워 성경적 표준에 부합하도록 하겠다는 종교개혁 정신이 절대적으로 요청하는 정신과 태도를 말한다. 그러므로 회중주의를 철저히 구현하는 것은 교회다운 교회, 성경이 요구하는 올바른 교회를 세우고 확립하는 지상과제를 성취한다는 것에 다름 아니다. 그러므로 우리는 최초의 침례교회과 더불어 한 목소리로 외칠 수 있다.

회중주의의 철저한 구현 없이 참된 교회는 없다.

06 내적 예배 없는 외적 예배는 헛되다

교회의 외적 제도를 우선하는 사고방식 그 자체가 문제의 핵심이다. 영혼은 육신과 결합해야 사람이 되듯이, 회중은 외적 제도라는 옷을 입어야만 한다. 정작 문제는 전혀 어울리지 않는 남의 옷을 입는 것 그리고 그것을 우선시하는 것이 문제다. 거기에서 교황주의라는 중세의 종교권력이 자라나왔다. 멋진 예배당, 세련된 예배순서, 열정적인 찬양이 참된 예배를 보장하지는 않는다. 오히려 새로운 종교권력을 낳을 우려가 크다. 자기만족적인 예배에 취해 있는 동안 부패한 종교권력은 우리 안에서 강고해진다. 헛된 예배는 결코 참된 예배를 낳을 수 없다.

회중 축의와 예배

(06.12.01)

유대민족이 바벨론에 포로로 끌려간 사건은 "디아스포라" 즉, 민족이산(民族離散)의 계기가 되었다는 점은 익히 알려져 있다. 그러나 예루살렘 성전의 파괴와 디아스포라라는 두 측면의 결합은 성전제사가 사실상 폐지되고 회당예배로 대체되는 계기가 되었고 이것은 훗날 기독교의 "말씀의 예전" 즉, 오늘날 주일예배의 형태에 많은 영향을 미쳤다는 점은 쉽사리 간과된다.

유대교의 회당은 예배의 장(場)이라기보다는 율법교육이라는 측면이 훨씬 중요한 존재목적이었다. 때문에 회당예배에서는 모세오경의 일독(一讀) 그 자체가 중요하였던 반면에 설교는 그다지 중요하지 않아서 설교자가 없다면 생략하기도 하였다. 하지만 초대교회 즉, 기독교에서는 성경봉독이 아니라 설교에 본질적인 중요성을 부여하였다.

기독교 교회에서 말씀의 선포 혹은 설교는 예배의 중심점이었고 예배는 교회로 모여야 하는 본질적인 이유였다. 교회는 일차적으로 예배공동체였고 섬김과 돌봄의 공동체였다. 교육은 이 공동체에 지체(肢體)로 참예하기 위한 준비과정이었지 본질적인 것은 아니었다. 그렇다고 해서 "교육" 그 자체가 없었다거나 무시하였던 것은 아니었다. 예배와 설교, 섬김과 돌봄의 전체 과정은 지속적인 교육과정이었고 성도들의 연합과 분산을 통해 확장되고 재생산되었다.

2세기 후반부터 교회는 규모를 갖추기 시작하였고 따라서 체계화가 불가피한 경우가 많아졌다. 게르만족이 남하하여 유럽의 주인이 되면서부터 교회도 로마사회와 마찬가지로 게르만화 되어갔다. 그 결과가 중세시대에 "봉건제도화"로 나타났다. 우리가 아는 중세교회의 부패상은 대부분 이 게르만화와 무지(無知)에서 비롯되었다.

**기회의 게르만화가
봉건주의 교회를 낳았다.**

중세화로 인해, 교회가 교회인 것은 로마교황으로부터의 적법한 인준(認准)과 그 관계성의 유지, 적법한 사제와 적법한 제도성의 확립에 의한다는 관점으로 뒤바뀌고 말았다.

이것이 "사제가 존재하는 곳에 교회가 있다"라는 말을 제도지상주의적으로 오용하게 된 배경이다. 이 제도주의적 교회관에서는 "회중"이 존재할 여지가 없다. 단지 각 개인이 "교회"에 출석하여 "교인"이 될 뿐이다. 각 개인은 교회를 구성하는 주요 요소라기보다는 교회로부터 은택을 입는 신세일 뿐이다. 다른 말로하면 교회를 교회답게 하는 것은 일반 성도들이 아니라 사제들이며 사제들의 계급화와 네트워크였다.

이에 반해 "말씀(과 성령)이 존재하는 곳에 교회가 있다"라는 표현은 탈사제주의화 즉, 회중주의 교회관을 드러내는 표현이다. 그런데 말씀이나 성령은 유형적 혹은 물질적인 것이 아니다. 교회론에 있어서 말씀이나 성령은 사람의 심령과 관계없이 독자적으로 존재하지 않는다. 그래서 "신령과 진정(진리)으로"(in spirit and truth, 요 4:23-24)라는 명령은 사람에게 주어진 명령이다.

두 셋 이상의 성도가 예수 그리스도의 이름으로 교회라는 의식을 가지고 모여, 예배를 드릴 때 예배공동체가 성립된 것이고, 이미 존재하던 영적 교회가 유형화되고 가시화되어 회중으로 나타난다. 회중 즉, 성도들이 모였다는 것 그리고 예배드린다는 것에서 이미 영적 교회의 유형화가 시작되었고 이것만으로도 교회 존재의 필요충분조건을 채웠다는 사실을 깊이 음미해보아야 한다.

항존직 사역자의 장립, 각양 직분자의 피택 및 활동 등의 제도화는 회중이 활동한 결과이지 회중이 교회가 되기 위한 조건들이 아니다.

영적 교회가 유형화되어 회중으로 나타난다.
교회의 외형은 회중의 활동결과이지 교회의 조건이 아니다.

침례교의 뛰어난 신학자요 목회자인 존 길(John Gill, 1697-1771)은 세 가지 종류의 예배가 있다고 하였다.[12] 그 첫 번째요 가장 중요한 예

---

12. 그 세 가지는 내적 예배(internal worship), 외적 예배(external worship), 그리고 사적 예배(private worship)이다. 여기에서는 앞의 두 가지 예배를 언급한다.

배는 내적 예배이다. 이것은 성도의 심중에 있는 경건에서 출발하는 예배로서, 성도의 삶 전체를 거룩한 산 제물로 드리는 예배이다. 거듭난 성도만이 하나님의 뜻대로, 하나님의 영광을 위해 자신을 온전히 드리는 경건한 예배를 드릴 수 있다.

두 번째, 그리고 우리가 일반적으로 "예배"라고 부르는 외적 예배 혹은 공적 예배가 두 번째 종류의 예배이다. 이것은 내적 예배를, 하나님의 명령에 따라 한 장소에 한 회중으로 모여 드리는 예배의식을 가리킨다.

내적 예배 없는 외적 예배는 헛되다. 그것은 의미 없이 두들겨대는 꽹과리에 불과하며, 손으로 바람을 잡으려는 짓이다. 형식과 의식으로 장엄함과 화려함을 보여준다 할지라도 참되고 깊은 종교성을 갖추지는 못한다. 그럼에도 그 우선순위를 뒤바꿔 외적 측면을 강조하면서 제도성이 강화되고 그 결과 바리새주의가 나타난다.

회중주의라고해서 제도성과 체계성을 무조건 부인하지 않는다. 그러나 교회의 본질을 일차적으로 제도성에 두기를 거절하는 것은 회중의 존재목적인 예배를 예배의식에서 찾지 않고, 예배의 기초인 성도의 경건을 그 껍데기에서 찾지 않도록 하기 위해서이다.

제도주의적 교회관과 회중주의적 교회관을 비교해보면, 전자는 표피적이며 유형적인 데 반해 후자는 내면적이고 무형적이라는 상반된 특색을 찾을 수 있다.

주의해야 할 것은 이 두 교회관은 상반된 대립항들이 아니라는 점이다. 전자는 역사적으로 볼 때는 봉건주의라는 이교도적 유산이고 현실적으로 볼 때는 얕은 신앙이해에서 비롯된 것인데 반해 후자는 성경의 교훈을 따른 것으로서 신령한 것이며 성숙한 신자의 관점이다. 그러므로 둘 가운데 하나를 취향대로 선택할 수 있는 것이 아니며, 다수결로 결정한다고 해서 합법적인 것이 아니다.

우리가 불신자였을 때에는 건물인 교회로 인도되었고 그 건물의 각종 프로그램을 통해 양육되기 시작한다. 그러나 성숙된 신앙을 가지면서 하나님의 영적 임재와 무형적 교회를 이해하면서 종교의 본질적 깊이를 가지게 된다.

**회중주의는 제도성과 체계성을 부인하지 않는다.
다만 그것들은 내적인 것들에 우선하거나 그것들을 대체할 수 없음을 안다.**

회중주의를 취하는 것은 교회의 본질인 회중에 집중하는 관점을 가지고, 회중의 근본적인 존재목적인 신령한 "예배"를 결코 놓치지 않겠다는 의지의 천명이다. 게다가 회중주의를 철저히 추구한다는 것은 내면의 본질적인 가치관에 따라 외적인 요소들을 절제하고 통제한다는 자세를 가진다는 뜻이다.

회중주의의 철저한 추구없이 참된 예배를 깊이있게 추구할 수 없다.

07 교회는 하나님의 법을 따른다

"내 말만 잘 들으면 소원성취한다, 복을 받는다. 반대로 내 말대로 하지 않으면 천벌을 받는다"라는 설교(?)로 혹시나, 행여나 싶어서라도 묵종(默從)하게 만든다면 그는 종교권력가이다. 종교권력가의 말에 순종하는 무리는 이미 교회가 아니다. '선지자들은 거짓을 예언하며 제사장들은 자기 권력으로 다스리며 내 백성은 그것을 좋게 여기니 마지막에는 너희가 어찌하려느냐'라는 한탄과 파멸만 남는다(렘5:31, 개역개정). 나는 참된 교회인가? 참된 성도인가? 이 질문에 대한 답은 자신에게 반문해서 찾아야 한다. "우리는 어떤 법을 따르고 있는가? 우리를 지배하는 것은, 우리의 관행을 지배하는 법칙은 어떤 것인가? 성경이 제시하는 하나님의 법인가?"

회중주의와 법(法)

(06.12.08)

회중주의를 추구하는 교회에는 "법이 없다" 혹은, "법으로 다스려지는 공동체가 되어서는 안 된다"고 말하기도 한다. 그래서 침례교회나 침례교회들의 연합체에는 헌법(憲法)이나 헌장(憲章) 혹은 재판법 혹은 입법·사법 체계를 상비(常備)해두지 않는다. 역으로 생각해보면, 교회에 헌법이나 법률체계가 상존(常存)한다는 것은 회중주의를 철저히 구현하지 않고 제도주의적 교회관, 중세적 교회관을 따른다는 것을 반증하는 셈이며, 아직도 종교개혁 정신을 철저히 따르지 않고 있다는 증거이다.[13]

회중주의를 철저히 추구하다보면 법이 아니라 언약 혹은 계약(covenant)이라는 것만이 존재하는 것이 가장 이상적이다(우리는 "계약"이라는 번역어를 사용하지 않고 "규약"이라는 단어를 사용한다). 물론 이 "규약"이라는 단어는 법체계의 하위단계에 속하는 "규칙"(rule)과는 다른 것이다. "계약" 혹은 "규약"을 쉬운 말로 옮기면 "약속"이다. 그러나 우리의 전통사회는 관습이나 개인들 간의 계약 혹은 약속을 국가에서 제정

---

13. 회중이 외적 법률체계를 무조건 경원시 하자는 입장이 아니다. 외적 법률체계는 일종의 필요악인데 회중에게 강요해서는 안 되고, 그것이 성경적이거나 교회의 건덕을 위해 필요하다고 회중이 자발적으로 결의하여 따라야 한다는 입장이다.

하는 법률보다 하위에 두는데 익숙하다. 그래서 입법·사법 기능을 체계화한 법률체계를 가진 제도주의 교회에 비해 훨씬 미숙하고 덜 발달된 집단처럼 느끼는 사람들도 있다.

**발전된 법률체계가
교회다운 질서를 보장하지 않는다.**

관습법과 계약이 일반 법률과 대등한 능력을 가지고 있다고 보는 영미 사회에서조차도 회중주의 교회에서는 법이라는 단어를 배제하고 계약(covenant)이라는 단어를 많이 사용한다. 특히 침례교회가 그렇다.

법과 계약을, 우리에게 익숙한 패러다임에 따라 법률체계에서의 우열, 법적 강제력의 상하, 제정권자의 높고 낮음으로 고려해서는 안 된다. 또한 계약이라는 단어를 채택하고 법이라는 단어를 배제한 것은 법이라는 것이 세속적인 것 즉, 속된 물건이기 때문도 분명코 아니다. 법이 비록 세속 질서와 권력을 유지하기 위해 세속 권력기관에서 제정하고 집행하는 것이기는 해도 침례교인들의 전통에서는 세속 권력을 전적으로 배격하는 성속이원론이 주류를 차지한 적이 없었다. 심지어 최초의 영국 침례교회의 주요 지도자들은 영국 시민전쟁에서 의회군에 복무한 경우도 많았다.

회중주의 정체에서 법률정신이 아니라 계약정신을 따른다고 하는 것은 양자가 가지고 있는 작동방식의 차이 때문이라고 보아야 한다. 법률은 상위 권력기관에서 외적 통제를 가하여 규범적 질서를 확립하기 위해 제정하고 집행하는 방식이다. 즉, 외부로부터 내부를 단속하고, 강제로 따르도록 압력을 가하는 것이다.

법률은 사람의 외적 행동을 통제하기 때문에 사회질서를 유지하는데 매우 효과적이다. 그러나 사람의 의식에 내재하는 생각이나 마음가짐 특히, 신앙을 규제하지 못한다. 법에 의해 신앙을 규제하려고 시도한 것이 유럽의 중세 봉건사회이고, 그것이 부질없는 짓임이 명확히 드러남으로써 그러한 것을 포기하기 시작한 것이 종교개혁이다.

신앙은 속사람의 문제이며 내면에서 솟아나온다. 신앙은 외적 규범에 의해 만들어지지 않는다. 단지 법이기 때문에 그 규정을 지킨다고 해서 생겨나지 않는다. 그 때문에 "오직 믿음"이라는 종교개혁 정신은 오히려 인간의 내면질서에 부합하는 것이고, 따라서 종교개혁 정신은 "자발성"(自發性)이라는 원리를 필연적으로 요청한다.

종교개혁 정신에 있어서, 신앙은 샘물처럼 암반의 깊숙한 곳에서 바위의 틈을 타고 스며나오듯이 사람의 내면 깊숙한 곳, 의식의 밑바닥에서부터 스며나와 속사람을 적시고 마침내 그 사람의 내면세계를 지배하고 통제하는 원리로 발전한다. 교회공동체를 구성하는 것도 동일한 원리의 연장선상에 있다. 하나님의 부르심을 받고 구원에 이른 성도들이, 예배공동체로의 부르심을 받아 자발적으로 모인 것이 교회이다. 자발성의 원리야 말로 근원적 원리이며 개별성 및 독립성의 원리도 자발성 원리를 기초로 삼았을 때에라야 의미가 있다.

> 교회의 질서는 내면에서부터 흘러나오는
> 믿음과 자발성에서 비롯되어야 한다.

성도란 하나님이 의롭다하신 자들 즉, 의인이다. 의인은 "여호와의 도를 지켜 의와 공도를 행하게 하려고" 하나님이 택하신 권속이다. 성도를 지배하는 것은, 그 심령에 새겨진 하나님의 도, 그리스도의 법(갈 6:2)이며 성령의 법(롬 8:2)이다. 이것은 내면질서에서 시작되는 법이지 외부로부터 들어오는 것이 아니다. 이것은 외적 통제의 질서가 아니라 갈망과 염원의 도이다. 그리스도의 강권하심은 외압이 아니다. 그리스도의 법은 내면에서 발원하여 외부로 흘러나오는 자발적 순종과 헌신의 도이며, 생수의 강과 은혜의 바다를 이루는 것처럼 하나님의 영광의 나라를 이룬다.

사람의 내면에 자리 잡은 신앙은 마음속에 떠도는 관념에서 머물지 않고 그 사람의 최상위에 놓인 핵심가치가 되고 행동원리로까지 성장한다. 신앙이란 그리스도를 세상에 오신 하나님, 나의 구세주로 발견하고 그리스도의 법을 절대적으로 의존해야 마땅한 최상위법으로 존중하는 것이라고 말할 수 있다.

우리는 하나님의 부르심과 명령을 받고 자발적으로 순종하여 기꺼이 모인 무리이다. 그러므로 우리가 자발적으로 구성한 공동체가 하나님의 공동체, 구속받은 자들의 공동체, 하나님의 영광을 절대선이요 궁극적 선으로 추구하는 공동체이고자 한다면 외적 통제를 가한다는 의미에서의 법률이 아니라 자유로운 양심들의 합의를 따르는 것이 자연스럽다.

> **회중은 구속받은 자유로운 양심들의
> 자발적 합의를 추구해야 한다.**

회중주의 입각한 공동체가 진정으로 하나님이 원하시는 교회를 이룰 수 있고 회중주의에 입각한 공동체가 회중주의 정신에 부합하는 예배가 진정으로 올바른 예배이듯이, 회중주의 정신에 따르는 법체계 즉, 자발적 계약과 실천의 정신을 천명할 때 진정 하나님이 원하시는 복음적 질서가 확립될 수 있다.

회중주의를 철저히 구현한 공동체란 믿음과 선한 양심에 새겨진 그리스도의 법을 최고법으로 존중하고 실천하는 공동체라는 의미이며 그 마음에서부터 진정 그리스도의 몸이 되고자 선언한 공동체라는 의미이다. 그러므로 회중주의 교회는 성숙한 신앙인의 법체계를 가진 교회이며, 성경의 가르침을 법으로 받아들일 줄 아는 교회이다.

교회여, 하나님의 법을 따르라.

08 기관은 교회가 아니다

교회가 아닌 것이 교회 행세를 하고, 교회가 아닌 것이 교회를 지배하는 것은 가증스러운 일이다. 아무리 교회를 위한다고 할지라도 오래갈 수 없다. 교회 아닌 것이 교회를 위하고자 한다면 교회 위에 있어서는 안 될 일이다. 각자는 하나님이 정해 주신 자기 자리, 자기 역할에 충실히 머물러 있어야 한다. 회의기관이 교회를 지배하게 된 것은 불행한 역사이다. 성도는 그리스도의 몸이다. 그리스도와 합한 자들이며 그리스도와 하나되어 하늘에 속한 모든 신령한 복을 받게 되어 있는 자들이다(롬13:14, 갈3:27, 엡1:3). 교회를 지배할 권세는 하나님의 권세 밖에 없다. 교회의 일을 교회 밖의 사법절차에 맡긴다는 것은 말이 되지 않는다. 교회가 무엇인지, 어떠해야 하는지를 먼저 생각해야 할 일이다.

회중적 의미와 기관(機關)

(06.12.15)

성도들이 일치와 동의에 의해 연합해서(confederated) 하나가 된 (united), 그리고 예배와 돌봄을 위하여 모인 것을 "회중"이라고 부르고 이 회중이 유형적 틀 즉, 조직화와 규범을 갖춰 입은 것을 "교회"라고 규정할 수도 있다.[14] 그래서 회중과 교회는 내적으로는, 동일한 의미로 사용된다.

반면에 성도들이 그리스도의 사명을 감당하되, 교회의 본질적 과업 이외의 일들을 전문적으로 수행하기 위해 스스로를 조직화하고 규범을 갖춘 것을 "기관", "기구", 혹은 "단체"라고도 한다.

성도들의 연합체를 "교회"라고 부르느냐 혹은 교회가 아닌 것 즉, 소위 "기관"이라고 부르느냐는 것은, 교회의 본질적 사명을 포괄적으로 수행하느냐 아니냐에 좌우된다고 보는 것도 쓸모 있는 관점이다.

제도주의적 교회론에 따르면 사실상, 기관과 교회의 구분이 애매

---

14. "교회"에 대해서는 앞의 글 "5. 회중이 곧 교회"의 각주 10)을 참조하라. 덧붙이자면, "에클레시아"에 대한 번역어로, 장소라는 뉘앙스가 강한 "처치"(church)라는 단어를 고착시킨 것은 KJV(1611년)인데 잉글랜드 교회를 국왕의 교회로 만들고자 하는 제임스 1세와 그 추종자들의 의도가 반영된 것이다. "교회"(敎會)라는 우리말은 오히려 "에클레시아"(회중)에 가깝다.

모호해진다. 중세 제도교회의 흔적을 가지고 있으면서도 회중주의를 취한 교파는 장로교회인데 장로교회 교회론에서 총회(General Assembly)는 직접적으로는 교회들의 연합체이며 따라서 기관이지만, 간접적으로는 성도들의 총합이라는 점 때문에 교회로 간주된다. 이런 식의 총회는 예배와 목회적 돌봄을 일차적인 목적으로 하지 않으며, 따라서 말씀 사역자와 기타 구제 사역자를 세워 교회의 목적을 직접적으로 수행하지 않는다. 단지 개별 교회들의 활동들이 원활하고 효과적으로 이뤄지도록 하는, 보조적 과업을 수행한다. 그런 점에서 총회는 제도 혹은 기관이며, 성도들로 구성되는 영적 기관일지라도 교회라는 기관과는 차원이 다른 기관이다.[15]

**총회는
교회가 아니라 기관이다.**

제도주의 교회관에서는 기관의 존립근거와 설치 및 운용을, 개별교회를 지배하고 통제하는 법체계에 의거하여 보장받는다. 그러므로 이러한 교회관에서는 개별교회들은 하부단위가 되고, 총회 혹은 총회기관들은 상부기관이 된다. 따라서 총회의 각 기관은 일차적으로는 총회 그 자체를 위해 존재하고 총회 그 자체에 의해 설립되고 운용되며 개별교회들의 의견은 사실상 무시된다.

---

15. 그런데도 "교회"라고 간주한다. 구약시대 "여호와의 총회"와도 다른 점이 있다.

회중주의 교회관에서는 개별교회(회중)만이 실제 교회이다. 그 이외의 경우에는 비록 성도들의 연합체일지라도 교회라고 간주되지 않는다. 그래서 지방회나 총회로 모였을 때, 한 회중의 회원들이 모인 것이 아니라 여러 회중의 대표자들이 모인 것이기 때문에 성만찬을 거행하지 않는다. 처결하는 회무는 개별교회 내부문제가 아니라 연합사업에 관련한 사안들이다. 이렇게 할 때 회중주의 교회관을 천명하는 셈이다. 이렇듯 회중주의에서는 교회와 기관은 명백히 구분된다.

회중주의에서는 회중을 통제하는 상위의 상설 기관이 없기 때문에 특별한 경우를 제외하고는 총회 차원의 결정에 의해 교회를 설립하거나 철폐하지 않는 것이 원칙이다. 회중주의에서는 교회가 교회를 세우고 기관은 교회를 보조하여 교회의 사명을 완수하도록 하는 것이다. 그렇다면 회중주의에서 기관의 설립 및 존폐는 철저히 회중들의 합의에 의해 좌우되어야 마땅하다.

원리적으로 볼 때, 회중주의 교파에서 기관은 한 회중, 혹은 뜻을 같이하는 몇몇 회중이 모여 특별한 목적을 수행할 기관을 설치하여 운용하기로 함으로써 시작된다. 회중 그 자체를 나누면 또 하나의 회중이 되겠지만 기관은 어디까지나 기관일 뿐이다. 기관은 그 회중들로부터 십시일반으로, 제한된 물적·인적 자원을 제공받아 운용된다.

**기관은 기관으로
머물러 있어야 한다.**

이렇게 시작된 기관이 탁월하게 업무를 수행하고 그에 따라 회중들이 존재목적을 성취하는데 크게 기여하게 될 때 더 많은 회중들이 협력하고 지원하게 됨으로써 기관은 크게 발전하게 된다. 그래서 총회 차원의 기관이 되거나 그 이하의 기관으로 머물러 있거나 한다.

적극적으로 협력할지 아니면 간접적으로 협력할지, 물질적으로 후원할지 아니면 정신적으로 후원할지, 그 방법과 정도를 결정하는 것은 전적으로 회중에게 달려있지 총회나 해당 그 자체에 의한 것도 강제에 의한 것도 아니다.

우리에게 익숙한 "협동비" 혹은 "후원금"은 그러한 협력관계를 나타내는 가장 손쉽고 보편적인 방법이다. 회중주의에서, 협동비는 "회비"가 아니다. 회비는 회원권을 유지하기 위해 의무적으로 내는 돈이다. 총회대의원 등록비도 "등록비"가 아니다. 본래적으로, 협동비나 등록비는 총회 기관의 설치목적에 동의한다는 뜻이고 회중이 그 액수를 자발적으로 증액한다는 것은 총회 기관의 사업활동을 긍정적으로 평가하고 그만큼 더 후원하겠다는 의사표시이다. 협동비나 후원금은 회중들로부터 제공받은 "사업활동비"인 셈이다. 그러므로 회중주의 교회들은 협동비를 책정하고 제공할 때 신중하고 단호해야 한다. 사사로운 일이 아니다. 인정에 얽매이거나 사욕에 의하여 협동비를 결정하면 회중주의 정신이 파괴된다. 회중주의 교회에서 협동비 액수와 협력할 기관을 사무처리회에서 결의하는 것은 이 때문이다.

당연하게도, 기관을 이끄는 지도자 혹은 지도자 그룹은 새로운 지도자를 선출하거나 의사결정 및 과업수행을 정당하게 수행하고 투명하게 하여 그 기관을 지지하고 후원하는 회중들의 뜻을 배반하지 말아야 한다.

만일 그 기관이 회중의 의사를 배반하거나 역량이 쇠퇴하였거나 기대에 미치지 못한다면, 의혹과 불신을 낳는다면, 회중들은 후원과 협력을 줄이거나 철회할 수 있고, 마땅히 그래야 한다. 총회가 응징해주고 감찰하고 개혁해주기를 기대할 수도 있지만 그것에만 기대서는 안 된다. 그것은 오히려 제도주의적 처리방식에 가깝다. 게다가 영적 기관일지라도 세속법의 요건을 갖춰 개별교회가 어찌할 수 없는 막강한 보호막을 둘러치는 경우도 많다.

> **기관이
> 회중을 지배하는 것은 성경적이지 않다.**

협동비가 줄고 후원금이 적어져서 운영이 곤란해졌다면 그 기관은 회중들의 뜻을 충실히 반영했는지, 기대를 충족시켜주었는지를 반성하고 스스로를 개선해야 한다. 기관은 도구이고, 도구가 못쓰게 되면 새로운 도구를 장만하면 되기 때문이다.

회중은 하나님의 것이고, 기관은 회중을 위한 도구이다.

09 총회가 총회기관을 통제하다

총회는 교회대표자들의 회의체로서 총의(總意)를 모으고, 교회를 돕는 일을 하고, 교회들의 협력 사업을 수행해야 한다. 교단총회 차원에서 전문사역을 위해 총회기관들을 인준하고 운용한다. 그런데 기관들이 기관이기주의에 빠지고, 관료주의에 물이 들었다. 이렇게 되면 총회기관이라는 위상으로 인해 이들도 권력기관처럼 되고 그 기관지도자들은 세속의 CEO나 귀족처럼 군림하려든다. 탐욕이 추악한 것이라면 탐욕이 왕 노릇하지 못하도록 구조를 재설계하고 개선해야 한다.

회중주의와 기관(2): 총회기관의 위상

(06.12.23)

총회(總會)란 영어의 "제너럴 어셈블리"(General Assembly)이고 이 단어의 용례는 구약성경에 기원을 둔 것으로 이스라엘 백성들이 "다 모인" 것을 가리킨다(민 16:2-3, 신 23:8). 현대 교회에서 이 "전체 회집"은 감독주의정체에서는 조직체의 수장인 감독의 권한으로 대체하고 장로주의정체에서는 대표자들의 대표자들을 통해 전체 총의(總意)가 모인다는 점에서만 총회이지 일반 회중들과는 사실상 관련이 없고 심지어 그 대표자들조차 회중이 자유로이 선출한 것도 아니다. 회중주의에서는 어떤 회의체에라도 그 대표자들을 회중들이 직접 선출하여 파송함으로써 실질적인 총회를 구성하고자 한다.

이런 의미에서의 총회는 매년 9월 말에 회집하는 정기총회를 가리키며 "서울 구로구 온수동"에 위치한 총회는 총회행정을 원활하게 수행하기 위한 상설기관이며, (정기총회와) 명확하게 구분하기 위하여 후자를 "총회본부"라는 말을 사용하기도 한다.

총회본부는 총회의 행정업무를 수행하기 위한 기관이다. 그런데 총회에는 선교업무를 효과적으로 수행하기 위해 국내선교회, 해외선교회, 군경선교회를 총회에서 인준하여 총회기관으로 두며, 연구 및 출판 업무를 위하여 진흥원을 두고, 신학교육과 목회자 양성을 위하여 신학교 등과 같은 총회기관들이 존재한다.

흔히 총회와 각 총회기관들의 관계는 어떤 것인가에 관해 각 기관에 근무하는 목사들과 각 교회에서 시무하는 목사들 사이에 견해차가 발생할 소지가 있다. 총회나 각각 업무를 분장하고 있는 기관들이나 매한가지로 총회기관들이며 각각 (정기)총회 즉, 교단가입 교회 전체에 책임을 지고 있는 터에 모든 기관은 상호 독립적이며 개별적인 존재로서 피차 간섭할 필요가 없지 않느냐는 의견이 나올 법하다.16)

감독정체나 장로정체에서는 이런 문제가 생기지 않는다. 선교·복지·교육처럼 교회의 본질적 업무수행에 직결되는 분야는 총회본부를 구성하는 부서가 되어 총회의 국장 혹은 위원회가 업무를 관장하기 때문에 총회장과 총무의 통제를 철저히 받게 된다. 반면에 회중정체에서 기관은 별개의 사적 단체로 시작되었다가 발전하여 총회기관으로 인준 받는 경우가 많다. 그 때문에 총회본부와는 태생적으로 별개의 기관처럼 느껴지는 것이다.

감독정체나 장로정체에서 각 기관은 총회본부로부터 설립되고

---

16. 회중주의에서는 각종 총회기관(선교회, 진흥원, 병원, 신학교 등)들은 총회본부(기관)가 설치하는 것이 아니라 회중대표자들의 의결기관인 총회에서 회중대표자들 대다수의 의견에 따라 총회기관으로 가입이 허락된다는 원리에 따른다. 그런데 가입된 후에는 기관이기주의 혹은 관료주의에 빠져 총회로 모인 교회들의 유익을 멀리하는 폐단이 심해질 수 있다. 심지어 총회로부터의 독립성을 주장하기도 한다. 이를 지적한 것이다.

운영자금을 제공받기 때문에라도 통제를 받는다. 회중주의에서 각 기관은 독자적으로 운영자금을 마련하기 때문에 자연스럽게 독립된 이사회 및 의사결정 그리고 독자적 재정권을 가질 수 있다. 잘못 생각하면 이런 구조 때문에 철저히 독립된 기관인 것처럼 착각한다.

우리는 논리의 초점을 총회본부의 성격에 맞춰야 한다. 본래 총회로 모였을 때 선출한 "의장단"은 정기회의가 끝나면 산회 상태가 되는데 현실적으로 총회 부재 상태가 될 수 없기에 총회의장은 "교단장"이 되어 평상시 교단을 대표하고 필요한 업무를 수행한다. 이 교단장을 보좌하는 교단 상설기관이 총회본부이며 총회장과 총회본부의 권한은 총회에서 합의한 "총회규약"에서 나온다. 이스라엘의 성막에 여호와의 시은좌와 법궤가 있기에 그 지성소가 진정한 것인 것처럼 총회장과 규약이 거기에 있기에 폐회한 총회가 거기에 존재하는 것과 같다.

총회의 규약은 총회로 모인 회중 대표자(메신저)들이 정한 정신과 원칙들이 결집되어 있는 것이다. 따라서 총회본부의 위상은 각 기관들의 위상과는 본질적으로 다르다. 총회는 총회규약의 실현과 교단을 구성하는 전체 교회들의 발전에 대해 포괄적인 책임을 진 기관이다. 그 외의 각 기관들은 교단 발전전략과 책임을 포괄적이 아니라 부분적으로, 위임된 분야에 한해서 지는 것이다. 그러므로 총회본부 기관과 각 총회기관들은 대등하지 않다.

총회와
총회기관들은 대등하지 않다.

 게다가 회중주의에서 총회기관들이 독자적으로 자금을 마련하는 것은 총회본부 차원에서 "분담금"제도를 운영하지 않기 때문이다. 분담금은 총회본부에서 예산을 수립한 뒤에 산하의 각 노회에, 노회는 각 교회에 분담금을 정해주고 이렇게 거둬 모은 자금을 다시 각 기관에 할당한다. 이것은 회중 의사 및 자발적 동의 여부와, 각 기관에 대한 지지 여부와도 상관없이 강제로 징수하는 것이다. 회중주의에 부합하는 제도는 자발적 기부이기 때문에 그리고 각 기관의 활동과 성과에 대해 회중들로부터 직접 심판받도록 하기 위해, 분담금 제도를 운영하지 않는 것이다.

 그러므로 총회기관들은 교단총회의 총의를 반영하기 위해, 적어도 다음과 같은 점에서는 총회의 감독을 받아야 마땅하다.

> 첫째, 각 기관정관을 총회정관에 준하여 바로 잡아, 교단정체성에 일관성을 갖게 하는 일.
> 둘째, 총회장과 임원진을 통해 수렴된 교단 발전 전략 및 방안에 맞춰, 기관들의 업무를 호응시키고 조정하는 일.
> 셋째, 각 기관들의 주요 인사 선임과 핵심 업무의 투명성과 효율성을 제고하는 일.

편의상 총회본부를 "본부"라고 부르지만 타 기관에 대한 지배권을 가지고 간섭할 수 있는 특별한 상위기관이 아닌 것은 분명하다. 하지만 지휘통제권, 차라리 "조정권"이라 부를 수 있는 최소한의 권한조차 없어서는 교단통합과 발전을 기대할 수 없다. 아무리 느슨한 형태일지라도 뚜렷한 위상과 정체성을 갖는 교단이므로 교단의 정체성과 정신을 하나로 모으는 역할을 하는 중심기관은 반드시 필요하다. 이런 점에서만큼은 총회본부가 그 역할을 감당하는 것이 합리적이다.

오히려 각 기관들이 총회기관임을 내세우면서도 총회규약과 모순을 일으키는 정관을 유지하는 것은 회중주의의 징표가 아니라 무능의 증거일 뿐이다. 바로 잡기를 거절한다면 그 기관에 대한 총회 인준을 철회하고 새 기관을 세우는 것이 합리적이다. 그 후에도 그 기관을 지속적으로 지원할 것인지를 판단하는 것은 개별회중의 몫이다.

[2부]

교회, 정체성을 지켜라

2007년 9월 광주에서 모인 기독교한국침례회 97차 정기총회는 교단 내의 현상황을 적나라하게 드러냈다. 97차 총회 회의장에서 드러난 심각한 위기 징후는 총회 폐막으로 그치지 않고 침례교회 정체성에 대해 근본적이고 철저한 검토를 요구하는 상황에까지 이르렀다. 총회행정부가 법원에 보낸 "기침총96기016", "기침총제97005호", "기침총제97016호" 이 세 문서와 더불어 97차 총회에서 폐기처리된 "총회행정내규"는 침례교단의 현주소를 정확하게 드러낸다. 따라서 이 네 문서에 관련한 특별기고를 차례로 다룬 9편의 글이 본서의 2부를 이룬다.

10 '기침총96기016'이라는 문서

회중주의란 교회의 본바탕인 성도들이 신앙의 주체성을 갖고 교회의 본령을 이루는 교회구조를 말한다. "기침총96기016"이라는 문서를 둘러싸고 벌어진 상황을 들여다 보면 이 회중주의가 교회의 종교권력화와 얼마나 상극인지를 알 수 있다. 또한 교단총회와 교단 헌법(憲法)을 중심으로 한 교단정치가 성도들의 총의(總意)를 얼마나 철저히 차단할 수 있는지를 엿볼 수 있다. 교단정치에 몰두한 정치목사들이 어떻게 해서라도 자신들의 권한을 권력화하려고 획책하는지도 확인할 수 있다. 종교권력은 자기 입맛대로, 자기 욕심을 위해 개교회까지도 쥐고 흔들 수 있기를 바란다. 회중주의를 철저히 실현한다는 것은 회중을 종교권력으로부터 지키기 위한 방어체계를 갖춘다는 의미이다.

"기침총96기016 회신"에 관하여

(07.11.02)

기독교한국침례회 총회 즉, 우리 교단의 총회행정부가 96차 총회장과 총무의 이름으로, 그리고 총회직인을 찍어서 서울중앙지방법원 민사 50부 재판장 앞으로 보낸 문서가 8월 29일 재판정에서 공개되었다. 이 문서가 "기침총 96기016" 회신이다.

이 문서는 K 교회의 내분이 세속 재판정에까지 이르게 된 사건인데 서울중앙지방법원 민사 50부 재판장은 이 문제를 처결하기 전에 먼저, 총회에 사실조회를 해왔다. 문제의 발단은, 다수 교인들이 사무처리회 소집을 요구하였음에도 불구하고 사무처리회 회장인 담임목사가 수년 동안 이 요구를 거부하였던 데 있었다.[17]

세속법정의 법관은 이 사안에 관련해서 총회에 약간은 부정확하게 사실조회를 해왔다. 재판부가 조회한 사실은 두 가지로 압축할 수 있었다. 첫째, 침례교회에 있어서 담임목사 선임의 권한은 개별교회에 있는가? 그렇다면 지방회와 총회는 이 문제에 관해 어떤 권한을

---

17. 담임목사는 고의로 수년간 사무처리회(교인총회)를 열지 않았다. 총회도 지방회도 이 문제를 외면하자 교인들은 법원으로부터 사무처리회 소집을 허락받고자 하였다. 그러자 담임목사는 기독교한국침례회 총회는 회중주의를 이념적으로 추구할 뿐 실제로 시행하지 않으며 사실상 개교회는 총회와 지방회의 관리감독을 받는다는 요지의 주장을 법정에 제기하였다. 그러자 담당 재판부는 그 주장이 사실인지를 총회행정부에 문의를 해 온 것이다.

가지고 있는가? 둘째, 개별교회가 자신의 담임목사를 해임할 때 어떤 근거와 절차에 입각해야 하는가? 이 경우에 지방회와 총회는 어떤 권한을 가지는가?

결과적으로, 2007년 8월에 교단 총회장과 총무는 이에 대한 회신을 작성하였고 총회의 공식문서번호는 행정국장의 관리 하에 "기침총96기016"이라는 공식문서로 발행되어 서울중앙지방법원 앞으로 송달되었다. 그 전체를 게제하자면 다음과 같다.

기독교한국침례회총회

기침총 96기016

수신: 서울중앙지방법원 민사50부 재판장 판사 김○○님
제목: 2007비합35(임시사무총회 소집허가) 사실조회 건의 회신

존경하옵는 재판장님께서 저희 총회에 사실 조회를 의뢰하신 것에 대해 저희 교단을 인정하시고 종교와 성직의 고유영역을 존중해 주심에 경의를 표하며 재판장님과 재판부에 하나님의 은총이 함께하시기를 기원드립니다.

다음과 같이 사실 조회에 대해 회신을 드립니다.

(1) 기독교한국침례회 총회와 각 지방회 및 개교회는 총회 규약과 조직에 있어서 어떤 관계인지요?

① 총회와 개교회와의 관계
- 총회와 개교회의 관계는 침례교회의 이상과 주장 및 규약을 준수하는 교회들로 구성되어 있으며 ※※총회규약 제 1 장 총칙 3조(구성)
- 가입된 개교회는 총회로부터 모든 공적인 보호와 권리를 갖고 있습니다. ※※ 제 2 장 회원(가입, 권리, 의무) 제 8조 6항

이와 같이 규약에 명시된 바 총회는 개교회를 관리 및 보호할 의무를 갖고 있습니다.

② 총회와 산하 지방회와의 관계 ※※총회규약 제 7장 지방회 22, 23조
- ㉠ 총회는 지방회 구성에 관한 인준을 하며 ㉡ 지방회는 규약 및 목사, 전도사, 집사 안수에 있어서 총회 표준규약을 따르며 ㉢ 지방회는 총회사업을 위해 유기적 관계를 유지하며 이를 위해 총회규약에 준한 기구를 두어야 함과 아우러 ㉣ 지방회는 규약 및 목사, 전도사, 집사 안수 고시 규정에 있어서 총회지시를 따릅니다. 결론적으로 지방회는 총회의 규약을 준수할 의무가 있고, 총회는 지방회를 관리 감독할 수 있습니다.

③ 지방회와 개교회의 관계
- 지방회는 총회의 규약을 준수하고 지시를 이행해야 할 의무가 있으며
  ㉠ 개교회는 지방회에 가입하여 의무를 충실히 해야하며, 지방회는 개교회의 발전을 돕고
  ㉡ 지방회 규약에 의거 개교회에서 청원된 목회자와 안수집사의 고시를 통해 합격된 자를 총회에 인준을 청원합니다. ※※ 지방회규약 고시위원원 내규 6조 ①②③ 항
  ㉢ 개교회의 창립을 인준 지원하며 ※※ 지방회규약 중 전도위원회 내규 7조 1항
  ㉣ 개교회 자립을 돕기 위해 총회 기관인 국내선교회에 기금 신청을

심의하여 추천하는 권한이 있습니다. ※※ 지방회규약 중 전도위원회 내규 8조 1 항

ⓓ 개교회의 목회자 및 안수집사를 규약에 따라 징계할 수 있습니다. ※※ 지방회 규약 제 7장 전도, 고시 및 치리 22조

ⓗ 개교회 목회자 사례비 및 퇴직금의 표준안을 제시하여 개교회에 결정을 요청합니다 ※※ 지방회 규약 제 8장 부칙 25조

(2) 기독교한국침례회 개교회의 담임목사 인준에 관하여

① 기독교한국침례회 개교회의 담임목사가 되기 위하여는 기독교한국침례회 총회의 목사인준을 받아야 하는지 여부 및 그 근거는 무엇인지

- 개교회 담임목사는 반드시 반드시 지방회 고시를 거쳐 매년 교단 정기총회에서 전체 대의원 앞에서 인준받아야 개교회 목사가 될 수 있습니다. 이는 교단의 정체성과 교리 수호를 위한 필수요건이기 때문입니다. ※※ 총회 규약 제 4장 회의 및 의사, 제 12조(정기총회) 5항 ㅇ항

② 기독교한국침례회 총회의 목사인준절차는 어떠한지

※※ 총회규약 제 4장 5조 ㅇ항 및 ※ 지방회 규약 중 고시위원회 내규 1조-10조

목사로 인준되기 위해서는 총회 지침에 따른 각지방회 고시위원회 고시를 거쳐야 합니다. 절차는

㉠ 개교회에서 지방회에 목사고시 청원

㉡ 지방회는 고시위원회를 소집하여 자격을 심사한 후 (침례교단 인준 신학대학원 졸업 등) 고시위원회 9조에 의거 논문 (8개 과목),

구술시험으로 고시위원 전원의 합격으로

ⓒ 지방회 고시 합격된 자는 개교회에 통보하며

ⓔ 지방회는 그 해 정기총회에 상정하여 인준을 받아야 합니다.

(3) 기독교한국침례회 개교회 담임목사 선임에 대하여

① 기독교한국침례회 개교회 담임목사 선임 절차는 어떠한지
 - 개교회 담임목사의 선임에서는
 ㉠ 담임목사가 직접 교회를 설립하여 포교 활동으로 교회를 부흥시키는 경우가 많이 있고
 ㉡ 이미 설립된 교회는 개교회에서 초빙될 수 있으나 지방회 또는 총회가 그 자격을 심사한 후 문제가 없을 시 인준함으로 담임목사가 됩니다.
 ※※ 총회행정규정(규약 제 3장 조직, 제 10조 3항).

사건본인 기독교한국침례회 K교회가 속한 K지방회에서의 개교회 담임목사가 되기 위하여는 교단이 인정하는 정규 목회대학원 또는 신학대학원 과정을 마치고 개교회에서 수련, 전도사로 헌신한 후 소속지방회의 고시를 거쳐 고시위원 전원일치에 의하여 합격하고 침례회 총회로부터 인준을 받아야 교회에서 목사로서 시무와 목회활동을 할 수 있는 것인지 여부.

"예" 위 항에서 말씀드린 바와 같이 반드시 총회로부터 인준받아야 목회활동을 할 수 있으며 또한 총회에 의해 징계를 받아 목사직이 파면될 수도 있습니다. ※※ 총회규약 ① 제 4 장(회의 및 의사) 5조 ㅇ항 교역자

인준 징계사항 ② 제8장 (포상, 징계).

(4) 기독교한국침례회 총회는 소속개교회의 교역자를 징계할 수 있는지 여부와 그 근거는 무엇인지

① 징계사유는 무엇인지
- 총회규약 제8장(포상과 징계) 25조 1, 2, 3항 총회의 이상과 주장에 위배되는 행위로
  ㉠ 교리적 문제 ㉡ 윤리적 문제 ㉢ 교단 명예훼손자
② 징계절차는 어떠한지
  ※※ 총회규약 제8장 (포상과 징계) 25조-27조
  ㉠ 지방회 징계 결의후 총회에 상신 ※※ 지방회 규약 제7장 (전도, 고시 및 치리) 22조
  ㉡ 또는 임원회의 사실 조사
  ㉢ 총회에서 대의원 2/3 이상 찬성에 의해 경고, 근신, 제명.
③ 지방회에서도 산하 각 개교회 목회자에 대하여 영적, 도덕적, 탈선 행위를 하여 본 회에 악영향을 끼칠 때는 임원 2/3의 동의로 권고, 제명할 수 있는지(K지방회 규약 제22조)
- K지방회 규약(7장 22조)에 의거 영적, 도덕적 탈선 및 지방회에 악영향을 끼칠 때는 제명할 수 있습니다.

(5)

① 기독교한국침례회 총회 소속 개교회의 사무총회에서 담임목사를 해임할 수 있는지 여부와 근거는 무엇인지

- 해임할 수 없습니다. 반드시 총회와 지방회규약에 의한 정당한 법집행에서만 해임할 수 있으며 이는 교단과 교회의 질서 유지 및 성직에 대한 보호로서 개교회 문제는 개교회 자체에서 해결되지 않고 분쟁 및 사태를 악화시킬 뿐입니다.

　근거: 총회규약 ① 제 2장 회원 (가입, 권리, 의무) 8조 6항에 명시되어 있는 바 가입교회는 법적으로 보호받을 수 있는 권리가 있습니다. ② 제 8장 (포상과 징계) 25조 ①-③항 교리적, 윤리적, 교단 명예훼손자 징계한다.

② 개교회의 사무총회에서 담임목사를 해임이 가능하다면 정당한 해임 사유가 있어야 하는지 여부

- 전항에서 밝혔듯이 성직의 존엄성은 지켜져야 하며 정당한 해임사유가 있다면 반드시 교단의 법질서에 따라 지방회나 총회의 합법적 절차에 의해서만 인정되고 있습니다.

결론:

　우리 기독교한국침례회 총회는 총회규약 및 행정내규에 따라 개교회의 발전을 지원관리하며 교단의 질서를 위해 산하 교회를 수호하고 목회자의 성직권을 보호하기 위해 최선의 조치를 할 것이며 모든 것은 총회규약 및 행정내규에 따라 엄격하고 공정하게 업무를 수행하고 있습니다.

　또한, 총회는 총회규약 및 행정내규에 따라 지방회 및 개 교회를 관리 감독하며 지방회는 규약에 따라 개교회를 관리 감독할 수 있습니다.

본 교단을 존중해 주시고 종교의 존엄성과 가치를 높이 평가해 주신 재판부에 다시 한번 경의를 표합니다. 종교의 문제는 종교 영역에서 해결될 수

있도록 조치해주시기를 간곡히 요청드립니다.

감사드립니다.

2007. 8.

기독교한국침례회

        총회장 목사   이○○

        총무 목사   유○○ 〈직인〉

첨부:

① 기독교한국침례회 총회 규약 사본

② 기독교한국침례회 K지방회 규약 사본

③ 기독교한국침례회 총회 행정내규 1부

④ 최근 목회자 징계(제명)에 따른 침례신문 공고 1 부

기독교한국침례회 총회를 대표해서, 그 회중주의 정치원리를 표명한 이 "기침총96기016" 회신은 다음과 같은 정치원리를 주장한다.

(1) 총회는 지방회와 개교회를 관리·감독한다.

(2) 개교회 담임목사는 지방회와 총회의 인준을 받아야 담임목사가 되어 목회활동을 할 수 있다.

(3) 지방회와 총회는 개교회 담임목사를 징계하고 파면할 수 있다. 반면에 개교회가 담임목사를 파면할 때는 법질

서에 따라 지방회와 총회의 인준을 받아야 한다.

(4) 지방회와 개교회는 총회규약의 회중주의 정신과 정면으로 모순되는 감독주의적 규약을 제정하고 시행할 자유가 있다.

(5) 총회는 "총회행정내규"에 따라 법을 집행하는 기관이다. 따라서 총회는 이미 감독주의 원리대로 운용되고 있으며 지방회는 개교회보다, 총회는 지방회보다 상급기관이다.

참으로 개탄스럽다! 이 "기침총 96기016 회신"에서 주장된 것은 침례교총회가 취하고 있는 회중주의 원리가 아니다. 감독주의 정체에서나 나올 수 있는 주장이다. 이러한 주장을 하기 위해서 총회규약과 정신을 왜곡하여 해석하기까지 하였다. 위 문서를 작성자는 사실상 침례교 역사의 정당성 전체를 부정한 셈이다. 이 다섯 가지 주장에서 적어도 네 개의 심각한 문제가 제기된다.

첫째, 감독정체의 문제

침례교회에서 지방회와 총회는 개교회를 관리·감독 권한이 없다. 17세기 중반에 나타난 일반침례교회에서나 찾아볼 수 있다. 그러나 이 일반침례교회는 소멸되었고 그 정치원리도 사실상 단절되었다. 특수침례교회의 교회론이 일반침례교회의 교회론보다 먼저 나타났고 침례교회 회중주의 원리를 철저히 전개하였다. 게다가 이 특수침례교회의 교회론은 잉글랜드 청교도종교개혁의 맥락을 이어 받았고 미국 최초의 침례교 지방회와 남침례교회를 거쳐 오늘날까지 이어져 내려온 침례교회의 정통적인 교회론이다.[18]

그럼에도 교단의 96차 총회장과 총무는 감독정체를 시행하고 있다고 천명하는 문서를 법정에 보냈다. 서울중앙지법 판사가 교단행정부에 의뢰한 사실 조회는 우리 교단이 회중주의를 주장할 뿐만 아니라 실제로 회중주의 정체를 어떻게 집행하고 있는지를 알고자 한 공문서였다.

그러므로 총회장과 총무가 법원에 보낸 문서는 우리 교단 행정과 정치체제에 대한 중요한 판례의 근거자료였다. 여기에서 우리는 감독정체에 따라 행정과 법집행을 시행하고 있다고 주장한 셈이다.

이 문서를 권위 있는 진술이 담긴 문서로 법정에서 받아들여 이 문서에 근거한 판례가 만들어진다면 우리 교단의 모든 개별교회는 총회장과 총무의 감독과 지배를 사실상 피할 수 없게 된다.

---

18. 침례교회 교회론의 근본원리는 잉글랜드에서 역사적으로 침례교회가 지상에 등장하기 전에 완성되었다. 다시 말하면, 성경적 교회론이 충분히 발견된 후에 그 원리에 입각하여 교회를 조직하고 지방회(association)을 조직하면서 침례교회가 등장한 것이다. 그러므로 논리적으로 볼 때, 침례교회들은 자신들의 원리를 성경적으로 합당한 근거가 있다면 몰라도 임의로 뜯어 고칠 권한이 없다.

둘째, 징계권의 문제

총회규약과 지방회규약에는 징계에 관한 조항이 있다. 기침총 96기016회신에서는 이 징계권을 감독정체의 감독권과 연계한 징계권으로 설명하였다. 따라서 지방회와 총회의 임원회는 정당한 법절차에 따라 목회자 개인의 신상과 목회활동에 제재를 가할 수 있다고 위 문서는 주장하였다. 게다가 그 징계의 범위도 매우 포괄적으로 규정하였고 임의적 해석이 가능하도록 되어 있다.

이러한 징계권이 총회행정권력자들이라 할 수 있는 인사들에게 주어진데 반해서 항의하거나 재심을 청구할 수 있는 장치들이 존재하지 않기 때문에 사실상, 총회장과 총무는 교단의 전체 교회와 목회자들에게 거의 독재에 가까운 권한을 가지게 된 셈이다.

셋째, 행정라인의 문제

이 문서는 침례교 총회행정부에서 발행되었다. 책임자는 총회장이며 총무가 연명하였고 행정국장이 처리하여 발송하였다. 이 세 사람 모두 공인된 경력의 침례교인들 특히, 목사들을 대표한다고 볼 수 있다. 이들이 버티고 있는 총회본부에서 반(反)침례교 문서가 버젓이 발행될 수 있었다는 것은 정말 놀라운 일이다.[19]

---

19. 더욱 놀라운 것은 오늘까지 이 문제로 책임을 지거나 징계를 받은 사람이 아무도 없다는 점이다.

넷째, "총회행정내규"의 문제

다행스럽게도 이 문서는 97차 정기총회에서 철저히 폐기할 것을 결정하였다. 총무는 이미 다년간 이 문서가 총회행정의 지침으로 활용되고 있었다고 주장하였으나 대의원들은 그 존재 자체를 부인하기로 하였다. 그런데 기침총 96기|016 회신은 97차 정기총회가 열리기 전에 마치 합법적인 권위가 있는 문서인 것처럼 근거자료로 법원에 보내졌다.

행정내규가 97차 정기총회에서 폐기되었다면, 기침총 96기|016 회신의 근거는 어찌 되는가? 행정내규에는 침례교회의 정치체제에는 상극인 감독정체적인 요소들 즉, 독소조항들이 곳곳에 자리잡고 있었다. 기침총 96기|016 회신은 특히, 이 독소조항에 근거하여 모종의 판단을 내려 법원에 통지하고 있다. 이것은 기침총 96기|016 회신의 취소와 더불어 그 사유 그리고 침례교식 회중주의 정치체제에 입각한 올바른 답변서를 작성하여 재회신해야할 필요성이 있었다.

그래서 필자는 총회장 김용도 목사의 허락을 받아 "법원에 보낼 답변서-초안"이라는 "재회신"을 작성하고 여러 목사님들의 검토를 받아 임원회에 제출하였다.

올바른 답변서[20]

11

종교권력이란 종교적 사기행위이자 반역이다. 교회에 기생하는 쿠데타 정권인데 성도의 무지(無知)와 무식(無識)으로 만들어진 틈새를 파고든다. 성도들의 가장 무서운 무지 가운데 하나는 교회에 관한 것이다. 교회 정체성에 무지하면서도 교회에 다니는 성도(교회), 이는 정말 아이러니한 일이다. 성도들이 무지하기 때문에, 나아가 분별력이 없기 때문에 늑대가 양의 탈을 쓰고 몰래 들어와 종교권력을 세운 것이다. 합당한 권위와 권한을 부패시켜 권력화하고 그 권력을 통해 자신의 이익을 추구한다. 성도는 고단하고 핍절한 신앙생활을 하게 될 뿐이다. 결국 모든 성도가 교회의 핵심 요소에 대한 성경의 가르침을 올바로 이해하고 바르게 지키는 것이 성경적 교회의 관건이다.

---

20. 이 장(章)의 글은 서울중앙지법에서 기독교한국침례회가 어떤 정치체제를 취하고 있는지에 관한 사실조회에 대해 본 교단이 공식 답변서로 보낸 "기침총 97016" 문서가 너무나 잘못된 것이기에 필자가 작성하고 몇몇 분의 검토를 거쳐 97차 총회장 김용도 목사 및 임원회에 제출한 문서이다. 임원회는 이 답변서가 너무 길다고 보고 간략하게 정리한 답변서를 서울중앙지법에 보내기로 하였다. 그러나 이때 여전히 잘못된 답변서(1안)와 간략히 정리한 답변서(2안), 두 안을 동시에 보내 재판부에게 판단하라고 미루는 우를 범했다.

올바른 답변서

수신: 서울중앙지방법원 민사50부 재판장 판사 김OO 님

제목: 2007비합35(임시사무총회 소집허가)사실조회 건의 재(再) 회신

존경하는 재판장님께서 저희 기독교한국침례교회에 소속된 교회의 문제를 합당하게 처리해 주시기 위해 최선을 다해주심에 대해 깊은 존경과 감사를 드립니다.

2007비합35(임시사무총회 소집허가) 건에 관해 재판장님께서 기독교한국침례회 총회에 문의하신 사항에 관해 기왕에 회신("기침총96기016")을 보내드린 일이 있습니다. 그 회신(이하에서는 "96기016 회신"으로 칭하겠습니다)을 재검토한 결과 질의하신 사항에 관해 불충실하거나 심지어 사실과 다른 부분 그리고 사실무근의 주장이 있어 이를 바로 잡기 위해 답변서를 다시 드립니다.

혼란스럽게 해드렸다면 넓은 도량으로 이해해주시기 바랍니다. 이해를 돕기 위해 먼저 침례교회 정체성에 관련한 몇 가지 개념들을 설명드리고 조회에 대해 응답해 드리겠습니다.

1. 소위 "총회행정내규"라는 문서에 관하여.

96기016 회신에서 첨부해드린 네 가지 근거문서가운데 세 번째 문서인 "기독교한국침례회 총회행정내규"는 판단의 근거자료가 될 수 없는 문서입니다. 기독교한국침례회 총회에서 통용되도록 공인된 적도 없는 문서입니다. 1993년 제 83차 정기총회에서 최초로 상정되었으나 그 자리에서 기각 폐기된 문서입니다.

특히 질의하신 내용에 대해서는 침례교회의 현행원리들과 전혀 다르게 판단하실 위험이 매우 큰 문서입니다. 금번 광주광역시에서 모인 97차 정기총회(07.9.17-20)에서도 교단총무가 "총회행정내규"를 인준해달라고 다시 상정하였으나 정기총회에서 전적으로 기각되어 추인받지 못한 폐문서가 되었습니다. 심지어 종래에 임의로 간직되고 있던 원안에서 위변조된 정황이 있어 현재 확인작업 중에 있습니다.

재판장님께서 현명한 판단을 내리시기 위해서는 상기문서는 참조하시지 않기를 바랍니다.

2. "총회"라는 용어에 관해

장로교회는 총회—노회—당회(개별교회)라는 삼단계 조직형태를 취합니다. 이 조직형태는 세속법정의 삼급심 역할을 하며 실제 (서양 중세) 종교재판소의 전통에서 유래합니다. 비록 회중주의라고 자칭할지라도 이 전통에서, 총회(General Assembly)는 최상급 기관으로서 헌법에 입각하여 하위기관을, 나아가서는 개별교회를 다스리고 감독하고 통제할 수 있습니다.

침례교회의 회중정체는 이와 같은 식의 상회(上會)를 전혀 인정할 수 없습니다. 개별교회는 그 자체로 독립되고 완결된 자주적 의사결정체입니다. "개별교회의 독립성"이라는 말로 표현된 권한은 그 회중의 외부로부터 부여된 것이 아니라 그 회중과 회중의 신앙으로부터 발생한 고유의 권한이며 양도불가능한 권리이자 특권입니다.

따라서 침례교회 총회는 지방회나 개별교회에 대해 통치, 관리, 감독, 재판 등의 기능이나 권한이 전혀 없습니다. 또한 헌법이나 이에 준하는 법률체계를 가질 수도 없습니다. 결론적으로 침례교회 정치체제에 있어서 총회나 지방회 혹은 그 어떤 기관도 개별교회 회중의 의사결정에 간섭할 수 없습니다.

또한 참작하셔야 할 또 하나의 중요한 사항은 원칙적으로 볼 때, 총회나 지방회는 "상설기관"이 아닙니다. 엄밀히 말해서 총회는 일시적 회의체로서 폐회되면 없어집니다. 총회에서 새 회기년도의 총회장을 선출할 때 사실은 총회 "의장"을 선출하고 폐회되면 의장도 회의체도 사라지고 당 총회의 정신은 대의원들을 통해 개별교회들이나 상설 실행기구들로 전달되어 존속됩니다. 교단장(敎團長)을 뜻하는 총회장은 행정편의를 위한 암묵적 동의에 의한 것이며 실제적으로는 총회의장이 폐회기간동안에 교단장의 역할을 하게 한 것입니다.

재판장님께서 질의하신 질문에 나타나는 "총회"라는 용어는 년차총회로 모인 회의체를 가리킬 수도 있고, 총회장을 위시한 의장단과 총무 및 임원단을 가리킬 수도 있고, 상설기관으로서의 총회행정본부를 가리킬 수도 있습니다. 두 번째 경우는 폐회기간 중 총회차원에서의 각종 현안을 처리하기 위한 협의체를 의미하고 후자는 전자를 의미하는 총회 및 총회에 등록된 교회들의 행정편의를 돕는 위해 존재하는 행정센터를 의미합니다. 침례교식 회중주의 정치체제에서 이 두 가지 경우 모두 "총회"는 결코 통치기관이 될 수 없고 되어서도 안 됩니다. "총회"나 "지방회" 등 개별교회 외부에 존재하는 어떤 제도나 기관은 그 어떤 경우라도 개별교회의 상위기관이 아니며 개별교회의 의사결정에 개입하거나 간섭할 수 없습니다.

3. "담임목사"라는 용어에 관해

장로교회 정치체제에서 개별 목사와 개별교회를 관리하는 것은 노회라는 조직체입니다. 이 체제에서 개별교회는 전적으로 독립된 자주적 기관이 아니고 노회기관의 일부분(a member)입니다. 개별교회의 목사는 법리적으로 볼 때, 노회에서 파송한 목회자입니다. 파송 그 자체로 소위 담임목사가 되는 것이 감리교회의 감독정치체제라면 장로교회는 파송된 목사가 일정기간의 목회활동이 경과된 후 그 교회의 사무총회에서 그 교회의 모든 목회적 권한과 책임을 위임하기로 결의한 후 위임목사가 됩니다. 이 위임목사가 장로교회의 정식 담임목사라 할 수 있습니다.

침례교회에서 목사를 세울 권한은 전적으로 개별교회 사무처리회(회중)의, 양도불가능한 고유권한입니다. 목사를 세우는 일에 있어서 지방회가 관여하는 일반적인 경우는, 개별교회가 수습과정의 "전도사"에게 목사안수를 주기 위한 심사과정을 요청받았을 때입니다. 이 심사과정은 관례적으로 지방회 중진목사들로 구성된 시취위원회가 맡습니다. 그러나 전통적으로 이 절차는 공정성을 기하기 위하여, 개별교회에서 지방회에 위임한 사무이지 지방회 고유사무는 아닙니다.

4. "대의원" 이라는 용어에 관해

침례교회에서 당연직 대표권이라는 것은 존재하지 않습니다. 지방회나 총회에 목사가 참석하는 것은 그 지방회나 총회 소속의 목사여서가 아니라, 지방회나 총회에 가입된 개별교회들이 사무처리회 결의를 거쳐서 자신을 대표하도록 한 메신저 즉, "의사전달자"의 자격으로 참석하는 것입니다. 사실상 전권을 가지고 있지 않기 때문에 개별교회에 큰 영향을 미치는 중요한 사안은 총회에서 결의한 것이기 때문에 그 자체로 법적 효력을 갖지 않습니다. 총회결의를 개별교회에서 받을 것인지 아닌지에 관한 사무처리회를 거쳐야 비로소 수용될 수 있습니다. 이것이 원칙이지만 대개의 경우 목회자에 대한 신뢰와 총회에 대한 협력 차원에서 수용된 것으로 간주됩니다.

총회 때마다 대의원 등록을 새로 받고 대의원 등록에는 사무처리회결의서(대의원에 대한 신임장)가 반드시 첨부되지 않으면 안 되는 것은 그 때문입니다. 또한 총회에 등록된 모든 교회가 대의원을 파송할 권한을 가지고 있지만 당해년 총회소집 공고에 따라 별도로 등록절차를 밟은 대의원(실제로는 그 개별교회)만으로 총회가 진행되는 것도 그 때문입니다. 따라서 총회 불참석은 불이익이나 징계가 아니라 총회사업에 협력하지 않는다는 개별교회 쪽에서의 적극적 의사표시인 경우도 많습니다.

결론적으로 대의원권은 총회가 부여하는 것이 아니라 개별교회 회중이 자신들을 대표할 만한 사람을 선출하여 부여하는, 회중의 권한입니다. 지방회나 총회는 개별교회에서 파송한 대의원을 받아들일 것인지 아닌지 만을 판단하여 총회를 구성하는 원리입니다.

5. 징계에 관하여

장로교회에서 목사는 노회라는, 개별교회의 상급기관에 적(籍)을 두고 관리감독을 받습니다. 이 경우 목사에 대한 징계는 그 목사 개인에 대한 것입니다. 침례교회의 회중주의 정치체제에서는 목사는 상급기관으로부터 파송받거나 부임하는 것이 아니라 회중에 의하여 목사로 세워지는 것이며 그 회중과 분리된 목사직은 존재하지 않습니다. 그 회중으로 분리된 이후에도 존재하는 목회권은 성립되지 않습니다. 그래서 장로교회에서는 무임목사(無任牧師)가 있어도 침례교회에는 무임목사가 존재할 수 없습니다.

지방회나 총회에서 개별교회의 목회자를 징계하는 것과 개별교회에서 자기 목회자를 징계하는 것은 전혀 별개의 사안입니다. 후자에 의해 전자에 영향을 미칠 수는 있어도 전자에 의해 후자에 영향을 미치는 것은 개별교회 회중의 재량에 전적으로 좌우됩니다.

6. 회중주의와 사무총회(사무처리회)에 관하여

침례교회의 정치체제를 회중주의라고 합니다. 흔히 "개교회주의"라고도 말하는데 이는 부정확한 표현입니다. 여기에서 사용되는 "교회"라는 말은 역사적으로 통치체제, 입법, 행정, 규율 및 전통 등 외적 측면 혹은 교회의 역사적 결과물들을 교회의 본질적 실체로 오해하게 만들 수 있기 때문입니다. 교회의 본질적 실체가 무엇인지를 엄밀하게 정의한다면 "성도들의 회(會)"입니다. 현실에서 누가 "성도"인지를 판단하는 것에 따라 기독교 안에서 종파가 달라집니다. 로마 가톨릭(천주교)에서는 "사제"가 그에 관한 판정을 내릴 권위를 가졌습니다. 그러나 개신교회 일반은 그러한 권위는 성경에 입각하지 않은 것임을 발견하고 부인하였습니다. 개신교회에서는 성경과 성경의 가르침에 입각하여 스스로 모여 예배를 드리고 그리스도의 멍에를 짊어지기로 (서약)한 자들을, 교인(敎人)과 구별하여 회중이라고 부르기도 합니다.

침례교회에서는 (어떤 교인을) 그 회중으로 세울 권한은 회중 자체에 있다고 간주합니다.[21] 어떤 회중에 가입하기를 원하는 자가 과연 가입할만한 자인지를 판단하는 것, 목회자를 세우고 폐하는 것은 그

---

21. 장로교회에서 이 권한은 당회에 있다. 그렇다고 해서 침례교회나 장로교회에서도 목회자의 역할을 배제하는 것은 아니다.

회중의 양도불가능한 고유권한입니다. 이를 천명한 표현이 "회중주의"이며 그 정치방식을 "회중주의 정(치)체(제)"라고 부릅니다. 침례교회의 이상과 주장 제 6항의 "교회의 회원은 하나님의 말씀과 성령으로 거듭난 신자들의 모임으로 구성된다" 그리고 제 1항, 10 항은 이 회중주의 입장을 배경으로 합니다.

교회라는 용어와 동의어이기도한 "회중"이라는 말을 신학적으로 엄밀히 구별하여 쓸 때는 이처럼 "성도들의 회"를 가리킵니다. 우리 규약에서 "거듭난 신자들의 모임"은 이 "회중"을 가리킵니다. 물론 회중이라는 용어를 느슨하게, 예배에 동참한 모든 사람을 무차별적으로 가리킬 때 사용할 수 있는데 이는 "청중"과 동일하게 사용한 경우입니다. 우리 규약과 전통에서는 이 뜻으로의 용례는 거의 무의미합니다.

함께 같은 교회에 출석하지만 일반적인 의미에서의 "신자(信者)"와 구별하여 그 교회를 구성할 책무를 지고 그 교회의 책무를 함께 짊어진 신자들 즉, "그리스도의 멍에"를 짊어진 신자들(회중)이 성경의 가르침에 따라 교회의 제반 업무와 사역 그리고 활동 심지어 목회 활동에 관한 최종의결을 하기 위하여 모인 것을 "사무처리회"(사무총회)라고 합니다. 개별교회 회중의 최종 의사결정기관인 사무처리회 역시 (통상적인 의미에서) 입법활동을 할 수 없기에 사무처리회라고 부릅니다.

교인 중에서도 사무처리회 활동에 참여할 자격을 갖춘 자를 "⁽교회⁾회원"이라고 부르며 일반적인 교인과는 구별됩니다. 그러므로 사무처리회는 "교인총회"가 아닙니다. 장로교회처럼, 입법기능을 스스로 부인하기에 "공동의회"라고 부를 수도 없습니다. 침례교회에서 사무처리회를 움직이는 것은 사람들이 규정한 법률이 아니라 "그리스도의 법"입니다. 이 법은 성경과 신앙에서 발견됩니다. 이 발견된 그리스도의 법에 따라, 회중들이 스스로 약속을 정한 것이 규약입니다.[22]

개별교회 회중 즉 사무처리회의 결정을 심판하거나 번복할 수 있는 권한이 이 세상에는 없습니다. 인조적인 어떤 기관도 교회를 지배해서는 안 된다는 정신의 가장 철저한 구현체가 침례교회입니다. 오직 우리 믿음의 주(主)이신 예수 그리스도만이 교회의 유일한 입법자이며 통치자이십니다. 담임목사도 회중의 한 구성원에 불과하며, 목사의 직 그 자체가 회중에 대한 통치권을 보장하지는 않습니다. 지방회나 총회도 마찬가지로서, 결코 상급기관이나 상급 재판기관이 아닙니다. 회중의 독립성, 개별성은 이처럼 그리스도로부터 부여된 것이며 성경적 신앙에 따라 자주적이지 않으면 안 됩니다. 침례교회의 이상과 주장 제 1항, 2항, 10항이 이 뜻입니다.

---

22. 다시 말하면, 사무처리회의 입법활동은 성경에서 가르치는 "하나님의 법"을 실행하는 방법에 관한 규칙을 세우는 것이라 할 수 있다.

침례교회의 이상과 주장은 단순한 이론에 불과하거나 철학이 아닙니다. 종교개혁 이후 침례회의 존재와 실천에 있어서 부동의 원칙이며 타협불가능한 원칙입니다. 침례교회의 가장 근본적인 규범입니다. 성경이 허용하는 범위 안에서의 어떤 이견(異見)도 허용할 수 있지만 이 정치체제를 부인하고도 전통적이며 역사적인 침례교회라고 부를 수는 없다고 생각합니다.

이제 재판장님께서 조회하신 사실에 대해 재 회신을 드리겠습니다.

(1) 기독교한국침례회 총회와 각 지방회 및 개교회는 총회 규약과 조직에 있어서 어떤 관계인지요.

기왕에 보내드린 "기침총 96기016"에 첨부한 기독교한국침례회 총회규약은 "규약전문"보다 앞에 "침례교회의 이상과 주장"을 두었습니다. 이것은 규약의 근본원리를 집약한 조항들입니다. 이 두 항목의 밑바탕은 개별교회의 독립성과 자주성을 철저히 인정하는 정신입니다. 총회와 지방회는 개별교회들의 종교적 협력체를 의미합니다. 침례교회가 채택하는 회중주의 원리는 오직 그리스도만이 교회를 지배하며 그 이

외의 어떤 피조물도 교회를 지배할 수 없다는 것입니다.

① 총회와 개별교회와의 관계

그 제 8항에 "모든 교회는 행정적으로 독립적이나 복음 전도 사업은 협동한다"로 되어 있습니다. 그것은 개별교회 외부의 조직체는 그 개별교회의 행정에 간여할 수 없다는 뜻이며 총회나 지방회에서 정하는 어떤 법도 실질적으로는 개별교회에 대한 입법, 사법, 행정에 대해 영향을 미칠 수 없다는 뜻입니다. 총회 등에서 결의한 내용에 대해 개별교회가 자발적으로 수용하거나 동조하기로 하였을 때만 영향을 미칠 수 있습니다.

"96기016 회신"의 "(1) 총회와 개교회와의 관계"라는 항목에서 언급된 총회규약 제 2장 8조는 개별교회가 파송한 대의원의 대의원권에 관한 내용으로 구성되어 있습니다. 그 중 6항은 총회가 개교회를 보호하고 도와줄 의무를 규정한 것입니다. 따라서 "총회는 개교회를 관리 및 보호할 의무를 갖고 있습니다."라는 진술 가운데 "관리할 의무"는 본회의 규약에서 도출될 수도 규정될 수도 없습니다. 침례교회식 회중정체는 개별교회 외부에 이와 같은 식의 관리감독권을 인정하지 않습니다.

총회규약 제 1 장 2조에 따르면 총회는 복음전파, 교회간 교류의 증진, 그 외 각종 선한 사업을 수행하기 위한 협력사업기구의 성격입니다.

② 총회와 지방회의 관계

96기016회신에서 이 부분의 소제목을 "총회와 산하 지방회와의 관계"라고 표현한 것은 기술적인 측면에서 볼 때 심각한 잘못일 수 있습니다. "산하(傘下)"라는 용어는 통제권 하에 있다는 뜻일 수 있는데 침례교회식 회중정체에서 이런 관념은 허용할 수 없습니다. 따라서 96기016 회신에서 "총회는 지방회를 관리 감독할 수 있습니다"라는 진술은 사실과 다릅니다.

근거로 제시한 총회규약 제 7장은 총회와 지방회 간의 통치관계를 전혀 규정하고 있지 않습니다. 제 22조는 개별교회가 가입하기 위한 절차와 조건을 규정한 것입니다. 제 23조에서 "사업상 유기적 관계를 유지하기 위하여"라는 문구가 있습니다. 총회의 결성목적이나 지방회의 결성목적은 거의 동일하게 종교적 협력사업과 교회들의 교류에 있습니다. 침례교 정신에 따르면 총회는 개별교회와 지방회로부터의 자발적 협력을 바탕으로 일합니다. 총회는 지방회와 개별교회에 지시하거나 명령하는 위치에 있지 않으며 지방회와 개별교회는 자신의 의사에 반하여 복종할 수밖에 없는 위치가 아닙니다.

다시 말하자면 개별교회가 총회나 지방회에 가입하여 참여하는 것은 전적으로 개별교회의 자발적 선택사항입니다.

③ 지방회와 개별교회와의 관계

"지방회"라는 말은 영문표기 "association"에 대응하는 번역어로 사용되는 용어입니다. 지방회라는 우리말 자체는 지역조직을 의미하지만 실제 의도는 "연합"에 있으며, 지방회는 개별교회들이 서로 협력하여 복음전도사업과 교제를 나누기 위하여 자발적으로 구성하는 것입니다. 이 점이 회중정치를 채택한 교회들과 교구제도 교회들과 다른 점입니다.

96기016 회신에서 이 항목을 묘사할 때 인용한 모든 규정은 지방회와 그 지방회에 가입한 개별교회들 간의 상하관계를 묘사한 것들이 전혀 아닙니다.

또한 총회에서 제시한 "표준규약"은 지방회에서 의무적으로 채택하지 않으면 안 되는 것이 아니라 일종의 "모범 사례"에 해당 것이며, 어떤 지방회의 규약이 다른 지방회의 규약과 전적으로 일치해야 할 이유도 의무도 없습니다. 따라서 96기

016에서 제시한 조항은 일반적으로 통용될 수 있는 전거가 아닙니다.

(2) 기독교한국침례회 개교회의 담임목사 인준에 관하여.

① 기독교한국침례회 개교회의 담임목사가 되기 위하여는 기독교한국침례회 총회의 목사인준을 받아야 하는지 여부 및 그 근거는 무엇인지

개별교회의 담임목사로 선출된 자는 그 교회의 사무처리회 규정과 절차 그 자체로 인준이 완료됩니다. 기본적으로는, 지방회나 총회가 그 선출을 유효/무효화시킬 어떤 조건이나 규정이 없습니다. 선출된 자에게 결정적인 하자가 있을 경우에도 그 선출을 무효화시키는 권한은 그 교회의 고유권한입니다.

이 질의에 대해 96기016 회신에서 제시한 근거는 잘못된 것입니다. 총회규약 제 4장과 그 제 12조 5항은 담임목사 선출에 관련한 것이 아니라 수습과정의 전도사가 목사가 되었을 때 공인받는 과정에 관한 것이므로 질의하신 항목과는 무관합니다.

② 기독교한국침례회 총회의 목사인준 절차는 어떠한지

질의하신 내용은 두 가지로 이해될 수 있습니다. 첫째, 전도사가 목사가 된 후 공인받는 과정을 가리킬 수 있습니다. 96기016 회신에서 묘사한 절차가 이 경우입니다.

둘째, 담임목사로 선출된 자의 인준절차가 총회에 있느냐는 것으로 이해될 수 있습니다. 판사님께서는 후자를 염두에 두셨다고 사료됩니다. 이 경우에 관한 절차는 존재하지 않습니다. 다만 지방회를 통해 새롭게 담임목사가 된 자의 신상에 관한 자료를 총회에 통보할 수 있습니다.

따라서 담임목사들의 취임과 해임 및 이동에 관한 공식적인 자료는 연차총회 때 배포되는 (연차)주소록입니다.

(3) 기독교한국침례회 개교회 담임목사 선임에 대하여

① 기독교한국침례회 총회 소속 개교회의 담임목사 선임절차는 어떠한지

일반적으로 침례교회 전통에서 개별교회의 담임목사 선출은 전적으로 개별교회 회중의 고유권한입니다. 이 과정에서 총회, 지방회 등 개별교회 외부의 어떤 존재도, 그 개별교회의 자발적이고 합법적인 요청 없이는 전혀 개입할 수 없습니다.

따라서 총회나 지방회의 어떤 규약/규정도 개별교회의 담임목사 선출에 관한 규정을 가지고 있지 않습니다. 또한 이런 문제에 간여할 수 있는 절차나 권한범위 등이 구비되어 있지 않습니다.

개별교회에서 담임목사를 선출하기 위한 방법 역시 그 교회에서 자체적으로 정한 방법에 따라 다릅니다. 일시적으로 청빙위원회를 구성하는 경우가 많은데 이런 경우에도 청빙위원회 구성은 전적으로 개별교회의 고유권한이며 그 외부기관은 이에는 간섭할 권한이 없습니다.

96기016 회신의 (3)-①-ⓒ에서 "개교회에서 초빙될 수 있으나 지방회 또는 총회가 그 자격을 심사한 후 문제가 없을 시 인준함으로 담임목사가 됩니다."라는 진술은 전적으로 잘못된 것이며 근거가 없고, 이런 전례가 없습니다. 제시한 근거 "총회 행정규정"은 본 총회에서 통용되는 문서가 아닙니다. 97차 총회에서 이를 추인하는 형식으로 통과시키려는 시도는 있었으나 총회는 이를 거절하기로 결의하여 그 자체를 폐문시화시켰습니다.

사건본인 기독교한국침례회 K교회가 속한 K지방회에서의 개교회의 담임목사가 되기 위하여는 교단이 인정하는 정규 목회대학원 또는 신학대학원 과정을 마치고 개교회에서 수련, 전도사로 헌신한 후 소속지방회의 고시를 거쳐 고시위원 전원일치에 의하여 합격하고 침례회 총회로부터 인준을 받아야 교회에서 목사로서 시무와 목회활동을 할 수 있는 것인지 여부.

먼저 침례교회식 회중정체에서 개별교회의 철저한 독립성은 양도불가능한 고유권한임을 상기시켜 드리고 싶습니다. 또한 총회규약의 맨 앞에 게제된 "침례교회의 이상과 주장" 제 5항은 "교회의 정체는…입법은 하지 않는다"입니다. 비록 "침례교회"라고 표기되어 있지만 침례교회 총회에 가입된 모든 교회가 전반적으로 채택한 정치체제를 가리키기 위한 것입니다. 여기에서 "입법"은 하지 않는다고 명시하고 있습니다. 따라서 총회와 지방회가 정한 어떤 규정도 그 회원교회 회중의 양심과 그 양심에 따라 행동하는 것을 간섭할, 법률이 될 수 없습니다. 그래서 침례교회에서는 자신의 규정들을 가리킬 때 "헌법"이라는 용어를 사용하지 않고 "약속"이라는 의미의 "규약"이라는 단어를 사용합니다.

진술된 경우는 매우 특별한 상황에 처한 경우 그 개별교회 회중의 결의에 따라 지방회에 요청할 때 임시로 통용될 수는 있습니다. 그러나 상설 규정일 때는 전 세계적, 역사적 경험을 볼 때 침례교회의 규정이 아닙니다.

또한 조회하시는 사항은 혼란스러운 부분이 있습니다. "개교회의 담임목사가 되기 위하여"라는 표현과 그 이후의 표현에는 상합하지 않는 모순이 있습니다. 즉, "교단이 인정하는 …… 총회로부터 인준을 받아야"라는 진술은 침례교회에서 전도사가 목사로 안수받기 위한 경우를 가리킵니다. 반면에 "교회에서 목사로서 시무와 목회활동을 할 수 있는"이라는 표현이 만일 "담임목사의 목회활동"을 의미한다면 총회로부터 인준받을 필요가 없고 그런 관례도 없습니다.

96기016회신에서 '반드시 총회로부터 인준받아야 목회활동을 할 수 있으며 또한 총회에 의해 징계를 받아 목사직이 파면될 수도 있습니다."라는 진술은 전적으로 잘못되었고 근거도 없는 주장입니다. 목회활동은 그 개별교회의 회중(사무처리회)에 의해서만 부인되며 지방회나 총회 인준은 전혀 필요치 않습니다. 또한 총회의 규정에 개별교회의 목사직을 파면하는 징계는 규정되어 있지 않습니다. 96기016회신에서 근거로 제시한 총회규약 제 4장은 이 문제와 아무 관련이 없고 제 8장에서도 경고, 근신, 제명과 대의원권의 정지만 규정되어 있습니다.

기독교한국침례회 총회의 징계는 그 목사의 개별교회 목회활동과는 아무 관련이 없습니다.

(4) 기독교한국침례회 총회는 소속 개교회의 교역자를 징계할 수

있는지 여부와 그 근거는 무엇인지

징계할 수 있습니다.

① 징계사유는 무엇인지

　　총회규약 제 8장 제 25조에서 포괄적으로 규정되어 있습니다. 교리적 문제, 윤리적 문제, 교단 명예훼손자에 해당할 때입니다.

② 징계절차는 어떠한지

　　총회규약 제 8장 26조에 "지방회의 건의가 있을 때나 임원회가 그 사실을 조사하여 총회에 제안하여"라고 표현되어 있습니다. 침례교회에서는 총회에 가입된 개별교회의 목회자를 징계하는 상설기관이나 권한은 존재하지 않습니다. 징계권은 총회 즉, 연차총회로 모인 대의원들의 집합체 자체에만 존재합니다.

　　따라서 96기016회신에서 묘사된 "지방회 징계결의후 총회에 상신"이라는 규정은 총회규약에서는 도출될 수 없습니다. 특히 "상신"이라는 표현은 침례교회 정체에서는 전혀 통용될 수 없는 용어입니다. 침례교회에서의 재판절차는 개별교회 자체에서 종결됩니다. 세속법정에서 말하는 삼급심도 개별교회에서 종결됩니다. 지방회나 총회기관은 법정기능이 전혀 없습니다. 단지 협동사업기구일 뿐입니다. 따라서 총회에서의 징계는 단지 대의원권에만 영향을 미치지 목회활동 권한과는 관계가 없습니다.

③ 지방회에서 산하 각 개교회 목회자에 대하여 영적, 도덕적, 탈선행위를 하여 본회에 악영향을 끼칠 때는 임원 2/3의 동의로 권고, 제명할 수 있는지(가나안지방회 규약 제22조)

할 수 있기도 하고 할 수 없기도 합니다.

할 수 있기 위해서는 K지방회 규약을 지방회 가입교회 즉, 개별교회가 사무처리회에서 의결정족수로 결의하여 자신의 규범으로 받아들이고 그대로 시행하기로 하였다면 지방회에서의 결의가 유효할 수 있습니다.

그러나 개별교회 회중이 이를 인준한 적이 없거나 혹은 회중이 타당하게 결의하여 그 시행을 거부한 경우에는 (권고, 제명)할 수 없습니다.

이는 회중주의에서는 최고권위가 회중 그 자체에 있고 회중의 결의가 최상위 법인 헌법에 해당하기 때문입니다. 회중주의는 제도주의를 배제합니다. 따라서 장로교회 정치제도는 문서로 작성된 법규정과 법규절차가 회중과 회중의 결의를 지배하고 통제하며, 회중의 만장일치 결의도 법규정에 따라 무효화시킬 수 있지만 침례교회 정치제도는 회중의 결의가 어떠한 법규정보다 우월한 권위를 갖는 것이 원칙입니다. 제도와 물리력이 양심의 자유를 구속해서는 안 되기 때문입니다(침례교회의 이상과 주장 10항).

따라서 96기016 회신에서 K지방회 규약에 근거하여 제명할 수 있다고 한 것은 실질적으로는 일개 지방회규약에 나타난 주장에 불과할 뿐 침례교회의 이상과 주장에 모순되며 침례교회 일반에서 받아들일 수 있는 관례가 아닙니다.

(5)

① 기독교한국침례회 총회 소속 개교회의 사무총회(교인총회 혹은 사무처리회)에서 담임목사를 해임할 수 있는지 여부와 근거는 무엇인지

해임할 수 있습니다. 오직 개별교회의 사무총회에서만 해임할 수 있습니다.

개별교회의 사무총회는 담임목사와 임면뿐만 아니라 그 회중의 유일한 최고의사결정 기관입니다. 담임목사의 권한 일체도 그 교회의 사무총회에서 부여한, 위임된 권한입니다.

96기016 회신에서 "해임할 수 없습니다. 반드시 총회와

지방회규약에 의한 정당한 법 집행에서만 해임할 수 있으며"라는 진술은 잘못되었을 뿐만 아니라 사실과 전혀 다릅니다. 침례교회 전통에서는 나올 수 없는 규정입니다. 96기 016회신에서 제시한 근거도 이와는 전혀 관련이 없거나 해당 내용이 없는 조항들입니다.

② 개교회의 사무총회에서 담임목사 해임이 가능하다면 정당한 해임사유가 있어야 하는지 여부.

담임목사의 해임은 전적으로 해당 교회 사무총회의 고유 권한에 속하며, 사무총회는 해당교회의 최고의결기관입니다. "정당한 해임사유"의 유무와 그 타당성 역시 전적으로 그 사무총회의 권한 내에 있습니다. 그 사유를 사무총회 이외에 해명하거나 설명할 이유도 없습니다.

사무총회 혹은 회중의 적절한 의사결정이라는 것만으로도 충분합니다.

96기016 회신에서 "정당한 해임사유가 있다면 반드시 교단의 법질서에 따라 지방회나 총회의 합법적 절차에 의해서만 인정되고 있습니다"라고 한 진술은 침례교회와는 전혀 관련이 없는 진술입니다.

또한 96기016 회신의 결론에서 "총회는 총회규약 및 행정 내규에 따라 지방회 및 개 교회를 관리 감독하며 지방회는 규약에 따라 개교회를 관리 감독할 수 있습니다."라는 진술도 전적으로 잘못되었을 뿐만 아니라 침례교회가 전혀 알지 못하는 관행입니다.

누차 밝혔듯이, 96기016 회신에서 서술하는 침례교회 총회(이 경우에는 총회행정 본부를 의미하는 듯 함)가 산하 지방회와 개별교회를 관리·감독한다는 식의 개념은 침례교회의 전통과 정신에 전적으로 위배됩니다. 더구나 행정내규라는 것도 사실상 존재가 부정된 문서이며 인정되거나 통용된 적도 없는 허위문서입니다.

(6)

2007비합35 임시사무총회소집허가의 사실조회에 있어서, 재판장님께서 추가로 조회하신 사항 중 (다)와 (라) 항에서 조회하신 "D교회 등"은 기독교한국침례회의 이상과 주장에 합치하는 교회들이며 그 교회들의 임명, 면직의 권한은 전적으로 개교회에 있습니다.

또한 ①②에서 조회하신, 해임의 경우에 "정당한 교단의 법질서", "지방회나 총회의 합법적 절차"라는 것은 기독교한국침례회 총회에 전혀 통용되지 않는 표현입니다. 침례교회의 회중주의 정치원리에서는 받아들일 수 없는 표현입니다.

회신을 마치며:

재판장님께서 조회하신 사건에 대한 본 회의 회신을 압축하면

첫째, 침례교회에서 담임목사의 임명과 해임에 관한 사항은 개별교회의 양도불가능한 고유권한입니다. 그 외부의 어떤 조직체도 정당하게 간여할 수 없습니다.

둘째, 지방회는 그 소속 교회에 대해, 총회는 그 소속 지방회와 개별교회에 대해 법을 집행하거나 통제하거나 명령하는 관계에 있지 않습니다.

셋째, 지방회나 총회에서 개별교회 목회자를 징계할 수 있으나 이 징계는 그의 목회활동에 직접적인 영향을 미칠 수 없습니다. 담임목사의 임면은 그 회중의 사무총회(사무처리회)에서 최종 결정됩니다.

간략한 회신이지만 현명하신 재판장님께는 침례교회의 수 백 년 전통이 표방하는 회중주의를 이해하셨고 이에 따라 명확한 판단을 내려주셔서, 침례교회의 회중주의 전통을 바르게 지켜주실 줄 믿습니다.

고쳐지지 않는 오류 12

늑대는 양으로 바뀌지 않는다. 아무리 배가 고파도 풀을 뜯지 못한다. 어떻게 해서든 자신이 움킨 것을 입으로 가져가려고 할 뿐이다. 또한 입에 문 것을 결코 놓으려 하지 않는다. 그러므로 늑대에게 개과천선을 기대하기 전에 먼저, 철저히 색출해서 쫓아내야 한다. 성경이 말하는 교회의 본질, 회중이라는 진리는 저절로 성취되지 않으며 회중주의는 거저 주어지지 않는다. 중세 말 유럽의 교회사는 종교권력화가 고도로 정밀하게 체계화되었으며 스스로 진리 앞에 자신의 권력을 내려놓는 포기란 결코 없다는 사실을 보여 준다. 오늘날 우리의 영적 전쟁은 전혀 새로운 싸움이 아니다. 중세 종교개혁가들과 마찬가지로 종교권력화에 대항한 싸움인 것이다. 우리도 그들처럼 싸워야 한다.

변함없는 답변서 (답변서 제 1안에 대해)

(제 797호, 07.11.14)

(2007년) 8월 29일에 공개된 "기침총 96기016" 회신은 침례교회의 정체성과 원리에 관해 잘못된 판례를 남길 위험이 매우 컸을 뿐만 아니라 침례교 총회가 이상은 회중주의였을지는 몰라도 실제로는 이미 감독주의 정체를 집행하고 있는 교단이라고 공인될 판이었다.

97차 총회장 및 임원단이 취임하는 날 처리하게 된 주요 안건 가운데 하나가 "기침총 96기016" 회신을 취소하고 회신을 다시 보내는 일이었다. 그 결과 10월 16일 총회행정부는 "기침총제97016호" 문서를 작성하여 "(K교회) 교회직무분장 규정", "K지방회 규약", "기독교한국침례회 총회규약" 이렇게 3개의 첨부문서와 함께 서울중앙지방법원 민사 50부로 보냈다.

그런데 10월 15일 1차 임원회에서는 사실조회 답변서를 두 개의 안(案)으로 작성하여 보내 판사가 재량껏 선택하여 판결하도록 배려(?)하였다. 기괴하기 짝이 없는 노릇이었다. 제 1안은 "기침총96기016" 회신과 마찬가지로 감독제도의 요소를 내포하고 있었다. 다만 다른 점이 있었다.

기침총96기016에서처럼 노골적으로 감독주의를 주장하지 않았다. 앞부분에서는 회중주의를 인정하였다. 하지만 면밀히 보면 문제가 될 수 있는 부분이 있었다.

(1) "침례교 특성"이라는 절에서 "개교회는 침례 받은 교인들이 회원으로 된 사무처리회의 의결로 정하여 놓은 규정이 가장 우선되는 것"이라고 진술하고 그 증거로 침례교회의 이상과 주장 8번이라고 명시하였다.

그러나 이상과 주장 8항은 "모든 교회는 행정적으로 독립적이나 복음 전도 사업은 협동한다"라는 규정이지 "사무처리회의 의결로 정하여 놓은 규정이 가장 우선시 되는 것"이라는 표현은 어디에도 없다.

이것은 근거규정을 잘못 인용한 것이며, 없는 진술을 만들어 넣은 것일 뿐이다. 엉터리로 만들어 넣은 "가장 우선시 된다"라는 표현은 악용될 소지가 큰 표현이다. 우선시 되는 규정을 적용할 수 없을 경우에는 차선의 다른 권위 있는 규정을 가져다 쓴다는 뜻이기 때문이다. 우리 총회의 지방회들과 개교회들이 이런 식으로 법적용을 해왔던가?

대개의 판사들은 첨부된 규약을 일일이 뒤져 근거규정 인용이 정확한가 아니면 없는 말을 만들어 넣었는가를 확인하지 않는다. 대강 훑어보고 만다. 따라서 근거규정을 잘못 인용한 것은 이 점을 노린 의도가 다분하다.

(2) 침례교총회 구성이라는 항목에 "개교회들이 모여서 집단을 구성하고, 효과적인 운영을 위하여 … 교단을 만들었습니다"라고 진술하고 총회규약 제 3조를 근거로 제시하였다.

총회규약 제 3조는 "본회는 침례교회의 이상과 주장 및 본 규약 전문의 정신에 찬동하여 규약을 준수하는 가입 침례교회들로 구성한다"로 되어 있다. "집단", "효과적인 운영"이라는 단어는 전혀 없다.

우리 총회는 침례교회의 이상과 주장 및 전문의 정신 때문에 모인 교회연합체이다. 따라서 때로는 복음사업과 협동을 위해서 의도적으로 비효율을 택할 수도 있다. 반면에, "효과적인 운영을 추구하는 집단"은 당연히 관리·감독이 필요하고 경영자를 필요로 한다. 이것은 감독정체가 필요하다는 뜻일 수 있으며 침례교 정신과는 상반된다.

(3) 법원은 "지방회나 총회의 합법적 절차의 구체적인 내용이 무엇인지"라고 조회한 것에 대해 총회답변서 1안은 사실상 사건본인 K교회가 "본 규정에 명시되지 않은 사항은 본 교회 소속 총회 및 지방회의 통상관례에 따른다(제 28조, 준용)"라고 규정하였다는 것과 K지방회의 징계규정, 총회규약 25, 26조를 하나로 묶어서 사건본인 K교회

에는 사무처리회 권한이 없는 것으로 규정하였다.[23]

본래 K교회의 제 28조 준용규정은 사무처리회 내부의 회무처리 특히 직분에 관한 부칙이었다. 전후문맥에 의하면, 각 직분자들의 임무에 관해 규정된 것 이외의 일들이 발생할 경우 통례에 따른다고 정해둔 것으로 보인다. 총회답변서(1안)에서는 이것을 교회규약에 명시되지 않은 사항은 지방회나 총회에 그 권한을 전적으로 위임한 것으로 간주한다고 해석하였다. 억지 해석이지만 총회 임원단이 결의하여 법원에 보낸 답변서에서 다음과 같은 주장이 담겨있다.

"3. 사건교회의 경우는 담임목사 해임에 대한 규정이 없으며, 본 교회규정에 명시되지 않은 사항은 소속 지방회 및 총회에 위임하는 규정으로 보아야 할 것입니다."

만일 총회답변서의 이 주장이 적절한 해석이라면, 침례교 개교회의 규약에 명시되지 않은 모든 사항은 지방회나 총회가 권한을 가지고 개입한다는 뜻이다. 어떤 문제가 발생하면 규정이 없을 경우, 심지어 포괄적으로 규정된 징계 및 조사심의권에 따라 총회와 지방회

---

23. 이런 규정은 K교회 사건이 발생한 이후에 만들어진 것으로 보인다. 설혹 처음부터 이런 식으로 규정해 놓았을지라도 침례교회의 근본원리 및 정신에 명백히 어긋나는 것이므로 사실상 무효라고 봐야 한다.

가 관리감독 기관의 자격으로 개입하여 언제든 치리하는 것이 침례교회의 행정이라는 뜻이다.

(4) 답변서에서 사건본인 K교회는 교회규약을 총회유지재단에 2000년 3월에 확인·등록하였고, 2003년 10월에는 정식문서로 등록하였다고 진술하였다. 이것은 도대체 무슨 행정인가? 개교회 규약은 총회유지재단에 확인받고 정식문서로 등록해야 효력이 있다는 뜻인가? 정식문서로 확인·등록 받지 않으면 지방회와 총회가 임의로 관리·감독하겠다는 뜻인가?

총회가 임원회의 결의를 거쳐 법원에 보낸 답변서에서, 총회행정은 이미 침례교회의 전통적인 정신 및 회중주의를 상당히 버리거나 변질시켰음을 분명히 드러냈다. 이 일련의 답변서와 총회행정내규가 결합하면 우리 교단의 모든 교회는 이미 "교황"의 손에 포로가 된 셈이다.

어떤 교회가 분쟁을 일으켰다면 사안 자체와는 상관없이 인간적인 친소(親疎)에 따라 어떤 편이 이겼으면 하는 바램을 가질 수 있다. 목사와 교인이 분쟁을 일으켰다면 심정적으로야 본인도 목사이기에 목사를 편들고 싶다. 하지만 총회기관은 개인의 이익을 추구하는 기관이 아니다. 침례교인 전체, 근본적으로는 하나님의 이익을 추구해야 하는 공적 기관이다. 공적 기관의 입장에서 양쪽 당사자 모두가 침례교인이라는 시각을 가져야 한다. 공적 기관인만큼 공정한 잣대, 불편부당한 기준을 세우고, 정의를 실현하는 것이 우리 편을 편드는 것보다 훨씬 중요한 가치로 삼아야 한다.

그러한 정신을 상실하게 되면 사업을 도모하라고 부여한 직위와 권한을 권력으로 착각하고, 형평과 정의 그리고 그리스도의 대의를 상실하게 된다. 결국 총회로 모인 대부분의 교회에 고통을 주고 많은 침례교인들을 실의에 빠뜨릴 수 있음을 명심해야 한다.

개교회의 미약함과 부족함으로 인해 개교회가 자신의 독립성과 자율성을 상실하거나 포기할 경우에라도 총회행정 담당자들은 개교회의 독립성과 자율성을 침해하지 않도록 삼가 조심해야 한다. 침례교인들이 총회로 모인 이유는 그리스도의 몸된 교회를 온전히 보존하고 양육하는 데 있음을 그리고 그 이상은 신약성경에서 가르치는 그 모습에 있음을 총회행정가들이 솔선하여 보여 주어야 할 것이다.

13 기괴한 답변

오류는 스스로 진리가 되지 못한다. 하지만 오류는 스스로를 영속화하려고 획책하려고 뿐이다. 교회가 오류에 빠져 종교권력화 되면 결국 자기 발등을 찍듯이 교회를 짓밟고 만다. 교회가 정도(正道)를 버리고 교회의 자태(姿態)를 버리면 누구에게 득이 될까? 기괴한 언변과 논리로 자신의 억지를 어떻게 해서든 제도화하여 그 틀을 외적 권세에 의해 강요하는 것이 종교권력화의 방법이다. 세속적인 논리로 교회의 대형화를 옹호하고 교회의 양적 팽창을 정당화할 때 그 역시 결말은 종교권력화인 경우가 대부분이다. 기괴한 논리가 교회를 지배하도록 내버려 두어서는 안 될 일이다.

기괴한 답변

(제 798호, 07.11.21)

8월 29일에 서울중앙지방법원 민사 50부 재판정에서 공개된 기침총96기016 회신은 전혀 침례교회적이지 않은, 차라리 감독교회 정치원리를 담은 충격적인 문서였다. 본래 재판부는 총회에 어떤 정치원리가 성경적 교회정치 원리인가를 물은 것이 아니었다. 우리 교단은 실제로 개교회주의 원리를 시행하고 있냐고 물은 것이었다.

이 사실조회에 대해 우리 총회의 이름으로 발행된 문서를 통해 기독교한국침례회 총회는 실제로는 감독정체를 운용하고 있다고 법원에 진술한 셈이었다. 총회 행정은 감독정치를 실천하고 있는데 다른 목사들은 모르고 있었다! 기괴한 일이 아닐 수 없다.

기괴함은 여기에서 그치지 않는다. 기침총 96기016 회신에서 우리 총회가 감독정치 원리를 실천한다고 주장하는 근거로 총회규약의 조문들을 제시했는데 모두 엉터리 해석과 말도 안 되는 짜깁기를 해놓고 그것을 근거라고 제시하였다. 총회에서 폐기된 행정내규라는 문서도 근거자료로 제시되었다. 이런 엉터리 문서가 공식 결재라인을 무사통과하였다. 일어나서는 안 되는 일이 일어났다.

이것을 바로 잡기 위해서 97차 총회의 첫 번째 임원회가 작성하여, 10월 16일자로 서울중앙지방법원에 보낸 재회신이 "기침총 제

97016호"라는 문서였다. 그러나 이 문서 역시 기괴함의 진수를 보여주었다.

이 기침총 제97016호는 두 개의 안(案)으로 답변서를 작성하여 판사에게 그 중 하나를 선택하도록 하자는 취지였다. 기독교한국침례회 총회가 침례교회식 회중주의 정치를 실천하고 있는지 아니면 감독주의 정치를 실천하고 있는지를 우리 총회의 책임 있는 인사들이 아니라 재판장 소견에 따라 알아서 처리하라고 미룬 셈이다.

교단의 정체성을 법원에 맡겼다.

지난 주 침례신문(제 797호, 7면)에서는 이 문서의 1안을 검토하였다. 2안은 본인의 안을 총회임원인 J 목사가 간결하게 정리하였다. 그러나 여기에서 또 기괴한 일이 벌어졌다. 도대체 임원회는 1안과 2안을 면밀히 살펴보기나 했는지 모르겠다.

1안과 2안은 서로 상반된 입장을 가졌다는 것만이 문제가 아니다. 두 안은 서로 다른 질문에 대한 답변으로 구성되어 있다. 2안은 분명 "기침총 96기016" 회신을 취소하고 올바른 답을 다시 보낸다는 입장이었다. 왜 취소할 수밖에 없었으며 진정한 답변과 그 올바른 근거란 무엇인가를 기침총 96기016 회신과 비교하여 명확하게 해명할 필요성 때문에 2안의 원안이 길었다. 그것을 거두절미하여 짧게 정리한 것이 2안이었다. 반면에 1안은 전혀 다른 질문 즉, 법원의 추가 사실조회에 대한 답변이었다.

> **총회임원회 답변서 1안과
> 2안은 서로 다른 질문에 대한 답변이었다.**

본래 서울중앙지방법원 민사50부는 우리 총회에 사실조회를 두 번 해왔다. (2008년 8월의) 첫 번째 사실조회에 대해 작성한 것이 기침총 96기016 회신이었다. 이 회신이 잘못된 것이기에 바로 잡는 재회신을 작성하였는데 그것이 10월 16일에 보낸 문서의 제 2안이었다. 그런데 9월 정기총회 직전에 두 번째 사실조회가 있었다. 필자도 임원회도 두 번째 사실조회가 있었다는 것을 몰랐다. 결국 10월 16일 총회임원회가 법원에 보낸 회신의 제 1안은 법원의 두 번째 사실조회에 대한 답변인 동시에, 앞서 보낸 기침총 96기016 회신에 대한 입장을 마무리한 셈이다. 결론적으로, 10월 16일 회신의 1안과 2안은 사실상 동일사안에 대해 상반된 두 입장을 진술한 것일 뿐만 아니라 서로 다른 질문에 대한 다른 답변서였던 셈이다.

진짜 기괴한 일이 또 있다.

10월 16일 회신은 두 개의 안(案) 가운데 하나를 판사가 알아서 선택하도록 하자는 의도로 작성하였다. 그러나 실제로는 두 개의 안은 별도의 문서로 작성하되, 제 1안만 정식 공문서로 작성되었다. 총회가 공식적으로 발행하는 문서번호와 양식, 총회장 직인을 제대로 갖췄다. 게다가 제 1안에는 3개의 문서를 첨부한다는 사항까지 기재하였다. 7장으로 구성된 제 1안의 마지막 장은 "사건교회 규정집 제 5장 부칙 28조에 의거 '본 규정에 명시되지 않은 사항은 본 교회 소속 총회 및 지방회의 통상관례에 따른다'고 분명히 명시되어 있으므로, 교단에서 해결함을 원칙으로 하여, 사법부에 의해 종교의 영역이 존중되기를 바라면서, 이 사건 사무처리회 소집요청을 기각하여 주시기를 정중히 요청을 드립니다"라고 친절하게 문서를 마무리하고 "2007. 10. 16"라는 일자 그리고 마지막에 기독교한국침례회총회 총회장 명의와 직인을 찍어 문서를 정식으로 종결지었다.

다시 말하면, 10월 16일 총회가 보낸 정식 공문서는 "여전히 잘못된" 제 1안뿐인 셈이다. 게다가 기침총 96기016이 법원이 조회한 첫 번째 사실조회에 대한 회신이라면, 마찬가지로 동일한 입장의 두 번째 사실조회에 대한 회신이 법원에 무사히 접수된 셈이다. 그러면 제 2안은 어디로 갔을까?

답변서 2안은 어디로 갔을까?

제 2안도 분명히 법원으로 보내졌다. 그러나 법원에 보낸, 그래서 실제로 법원에 접수된 정식공문서 어디에도 침례교회의 실제 정체성을 묻는 단일한 질문에 대해 총회의 답변서가 두 개의 안으로 구성되었다는 설명은 단 한군데도 없었던 데다가 A4용지 6장으로 구성된 제 2안은 별도로 호치키스로 제철되었지만, 총회의 공식 입장을 담은 문서라는 표지를 전혀 담고 있지 않았다. 즉, 제 2안은 제 1안과 대등한 위상을 갖는 문서로 취급되도록 세심한 배려를 기울이지 않았다. 그렇다면 정식 답변서로 취급되지 않을 것은 불문가지(不問可知) 아닌가?

일이 이렇게 어처구니없이 진행되었는데도 도대체 책임지는 사람이 없다. 우리 교단의 정체성이 회중주의에서 감독주의로 바뀌고 있는데도 아무런 제동도 변변한 대책도 없다.

이 문제를 놓고 흔히 들리는 말은 "어떻게 한 사람이 마음대로 교단의 정체성을 바꿀 수 있겠는가? 불가능한 일이야!"라는 말이다. 하지만 생각해보라. 대한제국을 일본에 넘기는 일은 다섯 명의 대신이 앞장섰고 국쇄로 찍은 조약서 한 장이면 충분했다. 침례교단의 정체성에 관한 논문이 아무리 많고 탁월한 논증이 아무리 많아도 총회장 직인이 찍힌 공문서에서 우리는 그런 것을 안 한다고 밝히는데야 법원이 뭐라고 달리 판결을 내릴 수 있겠는가? 그리고 법원이 판결을 내린 뒤에 어떻게 그 판결을 뒤집을 수 있겠으며, 그 일은 또 누가 할 것인가? 그 판결을 뒤집으려면 이번에는 개교회 목사가 총회를 상대로 법정투쟁을 하지 않을 수 없는 것 아닌가? 이 일은 쉬울까?

총회 석상에서 대의원들이 행정내규를 폐기시켜봤자 훨씬 권위 있는 법원에서 행정내규에 근거한 조항을 승인해버리면 그 자체로 대외적으로는 효력이 살아 있는 문서로 화려하게 부활하는 것이다.

더구나 임원회 회의석상에서 설전이 오가고 그 어떤 안이 소수의 의견에 불과할지라도 외부에 발행될 때에는 임원회의 결의를 거친, 명실상부한 총회의 공식문건이며 교단의 가장 권위 있는 목소리이다. 결론적으로 말해서, 10월 16일의 기침총 제97016호 회신이 기괴한 문서요 교단행정의 어처구니없는 모습을 그대로 드러냈다면 임원회도 일조를 한 공모자인 셈이다.

2700여 교회가 시퍼렇게 살아있지 않냐고 반문해도, 각자 자기 교회만 충실히 돌보는 선량한 목자로 충직하게 남아 있다면 그것으로 충분하다고 확신해도, 다만 권리증서를 깔고 앉은 채 누군가 흔드는 대로 흔들리고만 있다면 누가 권리를 찾아줄 것인가? 다만 역사의 노예로 전락하고 처량한 신세가 되고 말뿐이다. 어리석다고 손가락질을 당할 뿐이다.

총회는 회중을 간섭할 권세가 없다 14

회중은 그리스도의 몸이다. 관절과 마디가 연결되고 상합하여 살아 있는 한 몸이 된 상태이다(엡4:15-16). 회중은 그리스도 안에 있고 그리스도는 회중 안에 있다(요15:5). 그러므로 하나님 이외에, 회중이라는 그리스도의 몸에서 팔이든 다리이든 손가락이든 마음대로 떼었다 붙였다할 수 있는 권세를 가진 피조물은 어디에도 없다. 헌법에 규정된 교인자격이나 집사 혹은 장로의 자격을 무조건 준수해야 하는가? 신앙의 성숙도가 규정된 연수(年數)보다 중요한가? 내 몸의 일부, 내 형제자매가 되는 것이 외부에서 일률적으로 규정한 연수나 자격조건을 채워야 하는가? 하나님의 부르심과 성령의 역사, 선하고 온전한 믿음보다 외적 제도를 우선할 때 교회는 교회다움을 쉽게 잃어버리게 된다.

마이동풍

(제 799호, 07.11.28)

    침례교회에서 총회장과 총회임원들은 어떤 권한을 가지고 있는가? 감리교회나 장로교회식으로 말하자면 총회장은 교단장으로서 최고의 권위와 권한을 가진다고 여기는 것이 당연하다. 그러나 침례교적 방식으로 볼 때는 그렇지 않다. 오늘날 침례교단은 사업총회의 위상을 가지며 총회장은 사업을 기획하고 추진한다고 하지만 연차총회에서 결의되고 위임되거나 비준된 때에만 합법적이기 때문에 총회장과 그의 임원진이라 할지라도 연차총회 그 자체보다 권한이 낮다.

    개교회에 대한 권한에 있어서는 총회장은 미자립교회 담임 전도사만도 못하다. 전도사나 목사의 시취와 안수에 있어서도 총회장이나 임원진은 지방회장이나 지방회 임원들에 비하면 초라한 존재에 불과하다. 총회장이나 총회 임원들은 개교회 혹은 지방회에 대해 일체의 권력을 행사할 수 없고 언제나 협력을 요청할 뿐이다. 개교회나 목회자를 징계할 때도 총회장이나 임원진이 결의하여 징계하는 것이 아니라 연차총회에 보고하여 결의를 받아내는 것이다. 굳이 따지자면 총회행정은 권력을 행사하는 것이 아니라 존중받는 것이며, 존중받는 것에 바탕을 둔 권위일 뿐이다.

회중주의는 종교권력가를 불허한다.

현재 우리 교단의 가입교회가 2700여를 헤아리지만 연차총회에 대의원을 파송하는 교회는 그 절반 정도라고 한다. 이것은 무엇을 의미하는가? 연차총회 참석율이 저조한 것인가? 아니면 현 총회체제에 대한 지지와 신뢰가 그 정도뿐인가? 그 신뢰성을 높이기 위한 최선의 방법은 보다 많은 교회가 지지할 수 있는 복음사업과 개교회에 대한 보호와 효율적인 도움을 기획하고 전개하는 데에 있음은 불문가지이다.

그러나 최근의 일련의 사태는 우리 교단의 문제는 그 어디 보다도 총회기관에 있다는 것을 자명하게 보여준다.

기침총 96기016회신, 기침총 제97016호가 보여 준 정신은 전혀 침례교 회중주의가 아니다. 그렇다면 앞으로 개선될 희망은 있는가? 여기에 대한 답은 11월 6일의 제 2차 임원회가 적나라하게 보여 주었다. 이에 대한 기사가 11월 16일 자(제 798호)로 발행된 침례신문 1면 머리기사에 실려 있다. 침례신문 기사는,

> "또 최근 두 곳으로 나뉘어져 예배가 진행되고 있는 K 교회에 대해서는 J1 목사와 J2 목사를 담임목사로 인정하고 교회당 건물 1층에서 예배를 드리는 모임은 침례교인의 신앙과

정신에 위배됨으로 침례교인으로 인정하지 않기로 했다."

라고 보고하고 있다.

그 후 어디에도 그 다음 주에 발간된 침례신문에도 정정보도가 나오지 않은 그 기사에 따르면 임원회는 몇 가지 심각한 오류를 저질렀다.

첫째, 침례교 회중주의 정치체제에서 담임목사인지 아닌지를 결정하는 것은 전적으로, 그리고 어떤 경우에도 개교회 사무처리회의 양도불가능한 권한이다. 개교회 외부의 기관 특히, 총회장과 임원회라고 할지라도 분쟁에 끼어들어 어느 누구를 담임목사라고 판정을 내릴 권이 없다. 이런 판정을 내리는 행위를 "교회재판"이라고 볼 수 있는 데 침례교회 정치체제에서는 교회재판정이 존재하지 않으며 이런 재판을 가능하게 할 법체계도 존재하지 않는다.

임원회가 어떤 변명을 늘어놓고 그 변명이 전적으로 타당할지라도 그것은 전혀 침례교회적이지 않다. 우리가 침례교적 회중주의를 취하는 것은 목회자를 보호하기 위해서라거나 효율적이어서가 아니다. 단지 성경적이기 때문에 그렇게 한다. 순교(殉敎)가 합리적이어서가 아니라 성경적이고 신앙적인 정신이기 때문에 칭송하는 것처럼 말이다.

2차 임원회가 저지른 두 번째 잘못은 개교회 내부문제에 개입한 잘못이다. K교회는 최근에 "두 곳으로 나뉘어져 예배가 진행되고 있다"고 밝히고 있다. 즉, 본래 침례교회 회중이 있던 자리에 정체불명 혹은 이단적인 다른 회중이 치고 들어온 것이 아니라 한 회중이 둘로 갈라졌다고 인정하였다. 분쟁은 그 갈라진 두 편이 각각 담임목사를 편드느냐 혹은 반대하느냐의 문제라고 임원회는 이미 판단 내려놓고 이 문제를 다뤘다. 그렇다면 사실상 임원회는 개입해서는 안 되었다. "침례교인이다 혹은, 아니다"라고 결정할 권한도 없다.

총회 임원회가 할 수 있는 일은 총회차원의 불편부당한 조사활동이다. 그리고 이 사안에 대한 객관적 조사를 통해 해당 교회에 조언이나 권고를 할 수 있고, 총회에 속한 다른 교회들에게 타산지석으로 삼도록 공정한 정보를 알리면 된다.

임원회의 세 번째 잘못은 분쟁을 일으킨 양 쪽 가운데 어느 한 쪽을 침례교인이 아니라고 결정한 그 근거에서도 찾을 수 있다. "교회당 건물 1층에서 예배를 드리는 모임은 침례교인의 신앙과 정신에 위배됨으로 침례교인으로 인정하지 않기로 했다"라는 문장은 참으로 기막힌 문장이다. 이 문장은 다음과 같이 적용되겠다.

폭력적 교인은 침례교인이 아니라면 폭력적 목사도 침례교인이 아니겠다. 평신도보다는 목사에게 훨씬 엄중한 잣대를 적용해야 할 것이다. 폭력적 언사를 한 목사도 침례교인이 아니다. 또한 침례교 정신에 위배된, 감독주의 정신이 분명한 문서를 발행한 총회기관 목사들도 정신적 폭력행위이므로 당연히 침례교인이 아니므로 임시총회를 열 것도 없이 교단에서 쫓아내면 되겠다.

임원회는 소위 "1층 예배모임"을 "폭력 장면"을 찍은 사진에 근거하여 침례교인의 신앙과 정신을 위배하였다고 판단하였다. 임원회는 폭력적 행위가 있었다는 사실 그 자체만으로 추단을 내렸다. 이런 추단은 임원회의 품격을 깎아 내려 그 자체로 무능하다는 증거 밖에는 되지 않는다. 그 폭력 장면의 진실성 혹은 고의성, 현재 1층 예배모임과의 관련성, 1층 예배모임으로부터의 처벌과 그 진위 등에 관해 임원회가 고민하거나 공정하게 조사하려는 의지를 일체 보이지 않은 채 임의의 추단에 근거하여 결의를 내렸다.

> **누가 교인인지 아닌지는
> 그 회중만이 판단할 수 있다.**

결론적으로, 의지나 능력이라는 점에서는 97차 총회 임원회 역시 회의적이다. 임원회가 내린 결의는 현재의 총회체제는 개교회와 침례교단의 미래에 있어서 걸림돌 밖에 되지 않는다는 반증을 제공하였을 뿐이다. 이중잣대를 사용하여 자기편에게는 우호적으로 상대편에게는 불리하게 움직일 위험성도 매우 크다. 97차 임원회는 이 부분에 대한 치열한 반성이 없이는 총회행정은 정치적 이합집산을 눈속임하기 위한 수단으로 전락시킨다는 비판을 피하기 어려울 것이다.

철저한 반성과 이를 통해 신뢰를 회복하지 않는다면 개교회는 총회를 상대로 해서 자기보존책을 마련할 수밖에 없을지 모른다. 협동비를 현실화할 필요는 전혀 없고 최소한 즉, 오천 원이나 만원정도만 내면 되고 연차총회는 굳이 비싼 등록비를 내고 참석할 필요가 없으며, 차라리 총회를 없애도 무방하겠다는 생각을 피할 수 없다. 유지재단에 가입된 재산은 빨리 개교회로 환원하여 유지재단 제도를 폐지하고 개교회 재산은 개교회가 직접 관리하지 않으면 안 된다는 생각도 든다. 본인의 결론이 과격하다고 여겨지는가? 매우 현실적인 가정을 상정해보자. 총회행정부의 표적이 되었다고 생각해보라.

15 개별교회 독립성을 보장하라

우리 교회를 누가 주관하는가를 생각해 보자. 우리 교회와 다른 교회들을 묶어서 한 덩어리로 만든 뒤에 그 연합체를 효율적으로 통제할 때 정작 누가 행복한지를 생각해 보자. 외부로부터의 손길이 단지 도움과 조언에서만 멈추지 않고 꼭 간섭과 개입을 해야만 교회가 교회다워지는가? 어떤 수준의 개별교회라도 그 독립성을 보장받아야 한다. 그렇지 않다고 생각한다면 중세봉건교회를 다시 세우기 시작한 셈이다. 하나님이 아니라 사람의 권세가 자신의 교회를 다스리도록 허용한 셈이다. 종교권력화란 권한과 의무를 뒤섞어 만든 권력이다. 그렇게 되면 다스리는 자와 복종하는 자가 있을 뿐이지, 성도는 없다. 성도가 행복하기 위해서는 개별교회의 독립성이 철저히 보장되어야 한다.

어처구니 없는 결과

(07.12.12)

감독정체에서는 교회의 본질과 중심이 목회자에게 있으며 목회자 중의 목회자는 감독(혹은 주교)이다. 회중이 어떤 결의를 하던지 간에 목사 없이는 효력이 없다. 감독은 목사도 관장할 수 있다. 목사는 감독에 의해서만 정당화될 수 있다. 그렇기 때문에 목사는 감독에 의해 보호를 받을 수 있다. 목사 편에서는 이것 이상 좋은 정치체제가 없다. 단순한 생각이겠지만, 목사는 인사권을 장악하고 있는 감독에게만 잘 보이면 된다.

잉글랜드에서 처음 침례교회가 생길 때 이런 감독주의 정치체제를 가진 침례교회들이 1650년대에 등장하였다. "일반침례교회"가 그것이다. 그래서 그들은 교회들의 연합단체를 지칭할 때 장로교회나 감리교회처럼 서슴없이 단수명사를 사용할 수 있었다.

대한예수교장로회총회(통합측)의 영문표기는 The Presbyterian Church of Korea이고 한국기독교장로회총회의 영문표기는 The Presbyterian Church in the Republic of Korea로 되어 있다. 이처럼 교회를 단수 Church로 사용한다는 것은 많은 수의 개별교회들이 합쳐서 단일한 교회를 형성하였다는 의미이기도 하다.[24]

하지만 감독정체를 취한 잉글랜드 일반침례교회는 18세기 중엽에 사실상 소멸되었다고 봐야 한다. 반면에 특수침례교회의 신학과 교회론은 1640년대에 최초의 지방회를 결성한 이후 오늘날까지 침례교회의 주류 정통성을 형성해왔다.

특수침례교회의 교회론은 개별교회들의 중심은 회중 그 자체에 있고 회중은 그 자체로 독립된 지상교회로서의 최종권한을 가지고 있으며 그 머리는 오직 그리스도일 뿐이다. 그리스도는 각 회중을 직접 다스리는 유일한 통치자이시다. 이것은 타협 불가능한 진리이다.

> **예수 그리스도는
> 회중의 유일한 통치자이시다.**

350년 전의 잉글랜드 특수침례교회가, 그리고 오늘날 침례교회가 이런 정치체제를 일관성 있게 고수하는 것은 그것이 성경적이기 때문이다. 다시 말하자면 침례교회의 회중주의는 350년 전에 성경적인 교회제도를, 나아가서 사도들이 시행하였던 따라서 초대교회가 추구하고 있던 교회제도를 회복한 것이다. 그후 지금까지 그리고 오늘날 한국에서는 침례교회가 시행하고 있다.

개별교회 회중의 의사결정을 지배하는 것은 머리되신 그리스도 밖에 없고 그 통치권은 회중의 믿음과 성경을 통해서 실현된다는 것이 성경의 선언이다. 따라서 그 회중이 독립성을 지키기 위해 노력하

---

24. 철저한 회중주의에서는 이런 식의 "교회융합" 관념을 받아들일 수 없다. 실제로 교회들이 단일한 교회로 합쳐진 것이 아니라면 복수 "churches"를 써야한다.

는 것은 교회제도적 차원에서 교회와 복음의 순수성을 지키는 것이다. 이 또한 하나님과 그리스도의 계명을 순종하는 일이다.

총회규약은 개교회를 보호한다고 선언한다. 이 선언은 개교회의 독립성, 회중의 철저한 독립성을 지킬 수 있도록 개교회를 보호할 때 지켜질 수 있는 약속이다.

교단의 어떤 누구도, 어떤 임원회도, 어떤 지방회도 아무리 작고 약한 회중일지라도 어떤 경우에도 그 독립성을 침해하지 않도록 삼가 조심하는 것은 근본적으로는, 규약에 규정되어 있기 때문이 아니라 그 회중이 하나님의 말씀에 입각한 참된 회중, 거듭난 자들의 예배공동체라면 그리스도의 몸이기 때문이다. 즉, 성경이 요구하는 원리요 정신이기 때문에 개교회의 독립성을 보호해주는 것이다.

> **개별교회(회중)의
> 독립성은 성경의 요구이다.**

그러므로 우리 교단의 어느 누구도 아무리 약한 교회일지라도 독립성이라는 그 고유권한을 침탈할 권한을 가진 사람이나 기관이 없다. 그 고유권한이 침탈당하는 것을 수수방관할 자유도 없다. 결코 용납해서도 안 된다.

우리는 총회를 "어셈블리"(assembly)라고 하지 않는다. 어셈블리는 한 회중이 되었다는 뜻이다. 그래서 장로교회는 총회를 어셈블리라고 하면서 사실상 총회를 개교회의 차상급 기관으로 간주한다.

침례교회는 총회를 컨벤션(convention)이라고 부른다. 엄밀히, 컨벤션은 "대표자 회의"라는 뜻이다. 즉 침례교회들의 총회는 개교회 대표자들의 회의체이다. 침례교회 총회는 결합하여 단일화된 교회가 아니다. 그래서 장로교회 총회장은 한 교회로 간주되는 교단의 우두머리이지만 침례교회 총회장에겐 그런 의미도 권한도 없다. 따라서 개교회에 간섭하거나 지배할 권위를 가질 수 없다.

> **어떤 피조물도
> 그리스도를 대신하여 회중을 지배하거나 간섭해서는 안 된다.**

이 정신을 우리의 "이상"(理想)이라고 선언할 때, 현실적으로 실현 불가능하기 때문인가? 오직 이론과 상상 속에만 존재하는 것이기 때문인가? 우리에게 있어서 침례교회식의 회중주의는 아직도 소수에 불과한 일단의 사람들만이 추구하는 이상일 뿐인가? 현실적으로 우리 침례교단의 대다수 회원교회들은 감독제도를 실행하고 있다고 해야 하는가?

나는 지금 대부분의 침례교회 목사들과 교인들은 우리는 회중주의를 실천하고 있다고 "생각"한다. 하지만 지금 나의 이 "상식"은 심각한 도전에 직면해 있다.

기침총 96기016 회신, 기침총 제97016호 재회신의 처리 문제, 이런 일련의 문제는 이제는 서울의 어떤 한 교회의 문제로 끝나지 않게 되었다. 문제의 핵심은 담임목사와 교인들 간의 갈등과 다툼에서 어떤 편이 이기는가의 문제가 더 이상 아니다. 교단 정체성 차원에서 매우 심각한 의미를 지닌 문제로 비화되었다.

서울중앙지방법원은 우리 교단의 행정담당자들에게 기독교한국침례교 총회는 현재 회중주의 정치체제를 실행하는 교단인지 아니면 회중주의를 이론적으로만 인정하며 이상적으로만 옳다고 여기고 실제로는 다른 정치체제를 실행하는지를 물었다.

이 질문에 대해 우리 교단 행정책임자들은 임원회까지 열어 그 결의를 얻어 총회장의 직인을 찍어 일관된 답변을 하였다. 우리는 회중주의를 행하지 않고 감독정치를 한다고 말이다. 이 과정에서 어떤 갈등이 있었고, 누가 얼마나 철저히 악역을 하였는지, 따라서 누가 철저히 책임을 져야 한다는 식의 변명은 아무런 소용이 없다.

요식행위로든, 공식 임원회를 거쳐 총회장의 직인이 찍힌 문서가 법원에 송달되었고 법원 접수된 그 공식문서를 통해 우리 교단의 입장을 공식적으로 파악하고 결정을 내리게 되었다.

우리가 "우리는 회중주의를 실행한다"라고 아무리 외쳐도 그 입장은 단지 소수의견일 뿐이며 정통성 있는 다수의견은 총회장과 총무는 감리교단의 감독과 감리사처럼 교단을 다스리는 권력을 가진 존재로 간주할 수 있는 상황이 곧 전개될 처지에 있다.

따라서 앞으로는 총회장과 총무가 감독과 감리사처럼 총회와 지방회 그리고 개교회의 규약들의 맹점을 통해 각 교회를 지배하게 될 것이다. 어느 정도 시간이 흘러, 감독주의 정치제도에 대한 실행사례가 쌓이면 개교회 규약들은 차상위 기관인 총회규약의 권위에 눌려 무용지물이 될 것이다. 위계질서가 확립되면 상급 규약에 충돌되는 하급규약은 효력을 상실하게 되기 때문이다.

우리의 현 상황은 아직 이 지경까지는 안 되었다. 하지만 그렇게 안 된다는 보장도 전혀 없다. 지금 대다수의 침묵은 수수방관으로 이어져 교단의 정체성을 뒤바꿔 놓는데 적극 협력하고 있다. 이 상황에서 침묵은 기껏해야 비겁한 눈치 보기일 뿐이며 야비한 무능일 뿐이다.

누가 주인인가? 16

유지재단을 들어본 적 있는가? 교회재산의 사유화를 막겠다고 총회 혹은 노회가 만든 재단법인이다. 재단에 가입된 교회재산은 법률상 소유권을 유지재단에 넘기고 교회는 사용권을 갖는 구조이고, 땅을 기반으로 한다는 점에서 봉건화될 우려가 큰 제도이다. 교회의 영속화를 회중 그 자체가 아니라 땅에다 두고 세속법으로부터 보호를 받겠다는 구태의연한 발상이다. 제도화가 필요한 경우도 있지만 제도를 장악한 자들이 부패하게 되면 주객이 전도되기가 너무 쉽고, 결국 상부구조가 하부구조인 개교회를 다스려야 한다는 주장에서 벗어나지 못하게 만든다. 나아가 유지재단 이사회가 거의 목사들로만 구성되고 있다는 것도 문제의 소지가 크다.

누가 죽인인가?(1)

(08.01.04)

2007년 10월 4일 정체성 문제로 교단행정부가 홍역을 치룰 때, 기독교한국침례회는 "H침례교회 소송에 관한 건"이라는 제목의 "기침총제97005호"라는 문서를 대전지방법원장 앞으로 보냈다. 이 문서에는 현 총회 지도자들의 정체성 의식을 보여 주는 진술들이 있다.

그 첫 면에 총회 총회장 명의로, "W 목사는 총회 규약상 교역자 관리 규정 및 지방회 관리 규정에 의하여 담임목사가 아니며, H침례교회를 불법으로 점용하였을 뿐만 아니라……따라서 H교회 대리자가 아님을 통보해 드립니다. 마침"이라고 진술하여 보냈다.

"교역자 관리 규정……"은 "총회행정내규"라는 문서를 가리킨다. 이 총회행정내규는 그 보름 전인 97차 총회(9.17-20)에서 아예 폐기된 문서인데 그럼에도 불구하고 총회는 이 문서를 근거로 하여 공식적인 권한행사를 하였다. 문제가 아닐 수 없다. 폐기된 문서에 근거하여 문서를 작성하고 직인을 찍어 법원에 보낼 권한이 총회행정 담당자에게 있는 것은 무슨 정체(政體)인지 나로서는 알 길이 없다.

10월 4일에 대전지방법원에 보낸 문서에는 "재단법인 기독교한국침례회 유지재단"[25] 이사장 명의의 문서가 첨부되어 있고, 여기에서 세 가지가 주장되었다.

첫째, "개교회가 등기 청원할 경우…법인의 기본재산으로 받기로 결의하고…법인(유지재단)은 명의신탁으로 받지 않"는다고 주장한다. 여기에서 "명의신탁"이란 부동산을 사들인 사람이 실소유자가 아닌 다른 사람의 이름으로 공부(公簿)에 올리는 것을 말한다. 그러므로 유지재단 쪽의 주장은 개교회가 유지재단에 등재할 때 개교회의 재산 소유권을 포기하고 유지재단에 사실상 기증하였다는 뜻으로 이해하고 있다는 말이 된다.

둘째, "법인의 재산은 법인이 관리하는 것으로 사용료는 받을 수 없으며 부득이 할 경우 법인 이사회 결의를 득해야 한다"라고 주장한다. 매우 심각한 말이 아닐 수 없다. 유지재단에 등재된 개별교회 재산을 관리하고 처분할 권한은 개별교회에 없고 유지재단에 있다는 뜻이다. 그렇다면 개별교회가 유지재단에 가입한 자신의 재산을 관리·처분할 때에는 그 사무처리회의 결의와는 별도로 유지재단의 승낙을 받아야 한다. 유지재단이 보낸 글에 의하면 그것은 행정절차상의 문제가 아니라 소유권이 유지재단에 있기 때문이다.[26]

뿐만 아니라, 개별교회는 유지재단 소유의 건물을 빌려쓰고 있는

---

25. "유지재단"(재단법인)은 일제시대 때 처음 세워졌다. 이것은 "교회"를 재산을 기초로 법인격을 가진 단체로 만들어 일제에 의해 법적 보호를 받고자 한 때문이다. 그러나 역으로, 일제가 교회의 존립근거인 재산을 통해 교회를 통제하게 만든 단점도 있다. 한국교회는 여전히 "재산"(특히, 부동산)을 통해 영속적인 존립근거와 법인격을 보장받고 있는 셈이다. 게다가 유지재단 이사회가 실질적인 법적 소유권자인 셈이다.

신세인데 고맙게도 규정상 "사용료"를 내지 않아도 된다는 의미이다. 헌납자에 대한 예우인 것 같다. 이제 "유지재단 가입"이라는 말을 없애야 한다. 사실상, 가입이 아니라 기증 혹은 헌납이기 때문이다.

셋째, "명도소송은 법인의 명의로만 하여야 한다"라고 주장한다. 이 마지막 주장은 해석하기가 힘들다. 왜 힘드냐 하면, 명도소송은 부동산 소유주가 불법점유자에 대해, 불법점유자가 스스로 부동산을 내어주지 않을 때 제기하는 것이다. 명도소송을 제기하였다는 것은 실소유자와 불법점유자가 존재한다는 뜻인데 이 진술은 유지재단 법인만이 교회재산의 유일한 실소유주로서 그 권한을 행사하겠다는 뜻이다.

유지재단의 이러한 주장이 자신들이 정한 규정에는 맞는다고 할지 모르겠지만 분명한 것은 개교회를 소유권 행사에서 전적으로 배제한다는 점이다.

실제 이런 문서를 발행하게 이유를 어디에서도 찾아볼 수 없다. 총회장 명의로 작성된 페이지에도 총회가 이 문서를 발행한 계기를 밝히지 않는다. 기침총 96기016 회신의 경우처럼 법원이 총회 앞으

---

26. 장로교 정체보다도 못한 억지주장이다. 장로교 헌법에서는 부동산의 소유권을 노회에 두고 관리권을 지교회(개별회중) 당회에 두며, 동산의 관리처분을 지교회 제직회에 둔다고 규정한다. 이는 교회재산의 사유화와 임의 처분을 막기 위한 조처인데, 이 보다 열등한 사고수준을 보여준다.

로 질의한 것이 있어서 이에 대한 답변으로 보낸 것도 아니다. 유지재단 이사장의 명의로 작성된 페이지에도 "유지재단의 입장을 밝힙니다"라고만 써 있지 특별한 이유를 밝히지 않는다.

법원이 요구하지도 않았는데 이런 문서를 작성하여 법원에 보낸 이유는, "기독교한국침례회 H교회 대표자 WOO"이 대전지방법원에 건물명도 소송(사건번호 2006 가 단 73239)을 제기한 것 때문으로 보인다. 특별한 사유를 명기하지 않았기 때문에, H교회 대표자인 W목사가 명도소송을 제기한 것은 그 W 목사가 실소유자가 아니기 때문에 법원이 그 명도소송을 받아주어서는 안 된다는 주장을 하기 위해 유지재단이 자발적으로 권한을 행사하는 것으로 해석할 수밖에 없다.

정말 유지재단 측은 자신의 잘못된 주장을 철저히 확신하고 있는 것일까? 이 경우에도 문제가 된다. 2000년에 대법원은 침례교회의 경우 유지재단에 등재된 개교회 재산은 분명히 명의신탁으로 볼 여지가 충분하다고 판결하였다. 이것은 교회 재산과 정치체제는 매우 밀접하게 연결되어 있기 때문에 이렇게 판결한다고 하였다.

대법원 판례도 무시하고 명의신탁은 받지 않는다고 주장하는 태도는, 총회석상에 폐기처분된 문서를 총회대의원들의 총의(總意)는 아랑곳하지 않고 사용하는 태도와 별반 다를 것 없다.

그러나 총회와 유지재단은 재산소유에 관해 일관된 의식을 갖고 있을까? 이 "기침총 제97005호"를 구성하는 지면들을 살펴보면 결코 그렇지 않다고 판단할 수밖에 없다. 재직증명서가 한 통 끼어 있기 때문이다. 2007년 10월 4일자로 발행된 재직증명서는 대전 D지방회 H교회 목사는 W 목사가 아닌 S 목사로서 1981. 02부터 "현재까지" (07.10.04) 재직하고 있음을 입증하기 위한 (법원제출용) 재직증명서이다.

이 재직증명서를 발행함으로써 총회행정은 다시 모순에 부딪힌다. 개별교회의 담임목사가 누구인지는 총회나 지방회가 아니라 전적으로 해당 회중의 고유권한인데 이 권한을 총회가 침해하고 있다. 이 때 총회는 S 목사의 재직기간을 1981년 2월부터 현재라는 사실을 어떤 합법적 근거로 확인하였는가? 역시, 의문이 아닐 수 없다.

더구나 H교회 대표자 W 목사 명의로 제기한 명도소송 건에서, 이 재직증명서를 명도소송에 대한 유지재단 입장을 밝히는 문서에 끼워 넣었다는 점은 더욱 큰 의문이 들게 만든다. 정말로 명도소송에 관해 입장을 밝히는 것이라면, 어차피 S목사가 실제 담임목사할지라도 실소유자가 아니기 때문에 (유지재단이 실소유자이기 때문에) S목사의 재직증명서는 전혀 필요 없다.

S목사의 재직증명서를 삽입한 이유를, 불법점유자로 고소를 당한 S목사가 "실소유자"임을 인정하기 위한 것이라고 밖에 달리 해석할 수 없다. 여기에서 모순이 발생한다.

그러나 실소유주는 재단이고 총회와 재단이 인정한 합법적인 사용자임을 밝히기 위해 재직증명서라고 삽입하였다고 볼 수는 없을까? 총회나 재단 쪽에서 그렇게 변명할 가능성은 있다. 하지만 실제로 그런 관계였다면 문안은 전혀 다르게 작성되었을 것이다. 그리고 유지재단이 W 목사를 상대로 명도소송을 제기했어야 마땅하다.

총회와 유지재단은 W 목사가 "H교회 대표자"라는 명의를 사용하는 것이 온당한 것인지를 확인하기 위해 H교회 회중에게 질의했어야 했다.

문제를 제기하는 내 입장에서는, W 목사도 S목사도 다 침례교 목사이다. 나는 그 어느 분과도 직접 만난 일도 없고 특별한 어떤 감정을 가질 일도 겪지 않았다. 나는 침례교 편이다. 이기는 편도 지는 편도 침례교 목사라면 아무도 상처나지 않는 방향이 좋고 회중이 사는 방향이 좋다. 총회당국자들은 어떤 생각인지 묻고 싶다.

17 기막힌 판결문

정의(正義)를 바로 세워 억울함을 풀어주는 것이 세속 법정인가? 많은 이들의 기대에도 불구하고 이 점에서 세속 법정은 미흡한 점이 너무 많다. 사실 세속 법정은 증거 및 근거에 입각하여 권리를 보장해 준다는 점에서 가진 자들을 위한 기관일 수 있고, 타협점을 찾아 분쟁을 종식시킨다는 점에서 정의기관이 아닐 수 있다. 그러나 무엇이 정의인가 혹은 하나님은 무엇을 원하시는가에 관해서는 전혀 알 수 없다. 따라서 세속 법정은 세속적인 제도일 뿐이다. 이 점에서 개신교회가 교회법학의 전통을 상실한 것이 크게 아쉽다.

누가 주인인가?(2)

(08.01.16)

"누가 주인인가?" 이제 이런 질문 따위는 무의미해졌다. 회중정치 체제의 근간인 개별교회의 독립성을 운운해봐야 아무 소용없게 되었다. 등기된 소유주도 주인이 아니다. 서울중앙지방법원 민사50부는 1월 4일자로, K교회 교인측의 임시사무총회 허가 요청을 기각하였다. 먼저 1월 4일자로 작성된 판결문을 보자.

"사건본인이 소속되어 있는 한국기독교침례회총회는 사건본인과 같이 교회규정에 목사에 대한 해임 및 징계 규정이 없는 경우에는 지방회규약과 총회규약에 따라 지방회나 총회에서 목사를 제명하거나 징계할 수 있을 뿐 사건본인의 사무총회에서는 목사를 해임할 수 없다는 취지의 답변을 하여……이 사건 소집허가신청을 받아들인다 하더라도 총회 결의의 효력 유무를 둘러싸고 새로운 분쟁이 생겨 결과적으로 사건본인 내부의 다툼만 더욱 격화될 우려가 있을 뿐이라고 보여진다."

재판장이 기각판결을 내린 가장 중요한 이유는 총회가 일관되게 보낸 문서의 주장, "교회규정이 없다면 지방회나 총회에서 목사를 제명하거나 징계할 수 있을 뿐"이라는 주장을 받아들였기 때문이다. 이 주장을 재판부에서는 전적으로 신뢰한 것일까? 내가 볼 때, 재판부는 우리 총회의 답변서에 나타난 이 주장이 회중주의 정치원리에 합치한다고 보거나 법리적으로 타당하다고 보았기 때문에 "(담임목사 해임을 위한) 임시사무처리회 소집요청"건을 기각한 것이 결코 아니다.

재판부는 오히려, 임시사무처리회 소집을 허가하는 것이 회중주의 정치원리에 부합하고 개교회의 독립성과 자치권을 인정하는 것이 침례교회의 대다수 의견이라고 생각하고 있는 듯하다.

그럼에도 불구하고 재판부는 소집요청을 기각하였다 그것은 총회가 발행한 문서를 통해, 총회가 강력한 행정권력을 가지고 있고 그 권력에 입각하여 개별교회 문제에 간섭할 수 있다고 주장하였기 때문이다. 재판부는 이 주장을 의미 있다고 보았다. 물론 재판부는 그렇게 볼 수밖에 달리 도리가 없었을 것이다. 총회의 공문서가 인터넷과 신문에서 문제가 되었음에도 불구하고 침례교 총회를 구성하는 교회들은 어떤 공식적인 행동을 보이지 않은 탓일 것이다.

> **권리증서를 깔고 앉아 있다고 해서 권리를 지킬 수 있는 것은 아니다.**

총회가 보낸 일련의 공문서와 그 후의 총회 쪽 사태의 추이로 보건대, 재판부는 임시 사무처리회 소집요청을 인정해봤자 (총회 측의 태도 때문에) 사건 교회의 문제가 해결되지 않을 것으로 판단한 것으로 보인다. 재판부는 학술기관이 아니라 분쟁해결을 목적으로 하는 공기(公器)이다. 따라서 재판부에 따질 문제가 아니다. 판결에 동의하지 않으면 항소를 하는 수밖에 없다. 그러나 그것은 전적으로 당사자와 개교회의 문제이다.

총회 그리고 그 총회를 구성하는 "우리" 전체는 전혀 다른 심각한 문제에 직면해 있다.

개교회 문제로 끝나지 않았다. 교회규약의 권위에 관련하여 전혀 다른 숙제를 우리에게 남겨주었다.

교단총무의 주장대로, 개교회 규약에 담임목사의 임면에 관한 규정을 삽입하면 총회나 지방회가 개입하지 않기 때문에 개교회의 독립성 보존에는 전혀 문제가 발생하지 않는 것일까?

지금까지 침례교인들은 규약의 존재 유무와는 상관없이 개교회의 독립성과 자율권을 기본적으로 전제하였다. 그러나 이제 이 근본적 전제가 크게 위태로워졌다. 개교회의 규약에 규정이 없다면 총회나 지방회는 언제든 개교회 문제에 개입할 수 있고 세상 법정은 이런 경우 언제나 총회와 지방회를 상급기관으로 간주하여 당연히 개입할 수 있다고 인정해준 셈이다.

그렇다면 개교회의 독립성을 지키기 위해서는 개교회 규약에 필요한 규정을 삽입하면 되는가? 명확하게 규정된 규약을 가지고 있으면 안심할 수 있는가? 1월 4일의 판례를 이해해보면, 그렇게 간단하지 않다.

지금까지 회중주의는 실제 현실이었지만 2008년부터는 회중주의는 한낱 이론일 뿐 개별교회는 보호뿐만 아니라 관리·통제의 대상이 되었다는 것, 그것이 문제의 핵심이다. 게다가 지방회와 총회는 상급 입법·행정 기관이 되었다. 개교회의 이익에 반하는 결정을 하여도 막을 수 없고, 연차총회로 모여 만장일치로 결의를 해도 총회행정부가 이를 무시해도 막을 수 없게 되는 때가 멀지 않았다.

개교회의 독립성은 그렇더라도 목사들은 보호받을 수 있게 되었고 그래서 목사들에겐 유리한 것인가? 결코 그렇지 않다. 우선 개교회 규약에 목사 임명에 관한 규정이 명확하지 않다면, 지방회나 총회가 개입할 허점이 있는 경우라면, 사무처리회와는 상관없이 지방회나 총회에 의해 담임목사 청빙이 거부되거나 취소될 수 있다. 즉, 목

> **개교회의 독립성을
> 희생한 목사 보호는 의미가 없다.**

사는 지방회장이나 총회총무, 총회장에게 복종해야 한다.

규약이 없거나 있더라도 명확한 규정이 없는 교회가 사무처리회를 통해 이제라도 규정을 만들면 되는가? 이제는 늦었다. 그러한 행위 자체가 지방회나 총회가 상급 권한을 가진 기관일뿐만 아니라 틈만 있으면 개교회에 개입할 수 있다는 전제를 공인해주는 셈이기 때문이다.

또한 분쟁이 전임목사와 후임목사 사이에서, 목사들 사이에서 발생한다면 누가 유리할까? 옳은 편도 아니고 사무처리회의 정당한 결

의를 득한 사람도 아니다. 최근 사안의 처결로 보건대 누가 유리할지는 굳이 말할 필요도 없다.

더욱 심각한 것은, 침례교회 전체가 보여준 무기력증이다. 침례교회의 이상과 주장을 근본적으로 뒤엎는 사태가 발생하였어도 이 문제를 체계적이고 효과적으로 바로 잡을 공직자가 없었다. 책임을 지는 사람도 없고 책임을 물을 사람도 없었다.

목사와 교인이 분쟁을 치를 때 목사는 당연히 목사 편이어야 한다. 그러나 그렇더라도 정도는 있어야 한다. 교인 없이는 목사가 있을 수 없기 때문이다. 도무지 오갈 데 없는 교인이란 존재하지 않는다. 궁극적으로 목사들과 교인들이 패가 갈라지면 교회의 와해 밖에는 남는 것이 없다. 회중주의는 이 점을 직시한 체제이다.

그래서 회중주의는 장로주의나 감독주의처럼 법과 정치체제에 의해서 목사를 보호하는 방식을 취하지 않는다. 그렇다고 해서 목사를 전적으로 회중의 손에 마음대로 주무르도록 내버려두자는 체제가 아니다.

작금의 사태는 이 점에 관한 오해를 이용하여 침례교회의 정체성을 엉뚱한 것으로 만들어버렸다. 평신도들은 "우리는 왜 침례교회를 해야 하는가?"라고 반문할 것이다. 목사든 평신도이든, 법과 질서에 의해서 개교회와 목사를 보호해야 한다면 차라리 장로교회나 감리교회로 가든지, 철저히 회중주의를 하려면 독립교회(초교파) 교단으로 옮기

든지, 아니면 개혁을 진지하게 추진하든지 선택할 때가 되었다고 생각할 것이다.

목사여, 회중의 독립성을 지키지 못하고도 회중을 섬길 수 있다고 착각하지 말라.

특별감사에 바란다 18

감사활동은 단지 부정이 있었느냐 없었느냐의 문제가 아니다. 재정 사용과 행정이 회중이 결정한 그대로 집행되었고 회중의 존재 목적을 얼마만큼이나, 어떻게 성취하였는가에 대한 전문가적 판단이다. 사실 회중주의에서는 감사활동이 필요 없을 정도로 집행상황을 언제나 최대한 공개해야 옳다. 인터넷, 주보, 교회게시판에 각종 회의록과 재정지출, 진행상황을 모든 교인들이 정확하고도 쉽게 파악할 수 있도록 해야 한다. 의사소통이 막히고, 정보가 일부분에게만 독점될 때 그 조직은 부패하고 권력화 되는 것이다. 권력화 된다는 것은 정보의 비대칭을 통해 주인노릇하는 세력 즉, 주류파가 등장한다는 것을 의미하는 것이다. 모든 교인이 감사인(監査人)이 되어 교회의 진정한 주인에게 교회주권을 돌려주도록 해야 할 것이다.

특별감사에 바란다
(08.01.29)

"누가 주인인가?"라는 이 질문은 "누구 마음대로 인가?"라는 질문으로 바꿀 수 있다. "누구 마음대로 인가?"라는 이 질문을 참조하면 진짜 주인을 확인할 수 있다. 진짜 주인이 있다는 것은 가짜 주인도 있을 수 있다는 뜻이다. 진짜 주인과 가짜 주인을 구별하는 것과, 진짜 주인이 소유권을 회복하고 행사하는 것은 별개의 사안이다.

이런 질문들을 교회에 돌려, "교회의 주인은 누구인가?"라고 물을 때 침례교회 정체성의 탁월함이 나타나기 시작한다. 교회의 주인은 그리스도이시다. 그렇기 때문에 "교회(회중) 위에 교회 없고, 교회(회중) 밑에 교회 없다."

> 오직
> 회중만이 교회이다.

교회는 하나님 뜻대로 움직여야 한다. 사람의 뜻이 섞여서는 안 된다. 그렇다. 반드시 그래야 한다. 여기에 대한 나름대로의 답변이 각 교회정체 방식을 만들었고 교파의 정체성이 만들어졌다. 감독정체는 가장 완벽한 한 사람(감독)을 뽑아 그에게 맡긴다. 그에게는 보조자들이 필요할 뿐이다. 장로정체는 완벽한 한 사람에게 모든 권한을 맡기는 방식이 가진 (특히, 성경적) 한계를 인정하고 그것을 다수의

회의체가 모든 권한을 맡긴다. 다수의 합의는 한 개인의 독단보다 덜 위험하다는, 일면적으로는 그럴듯한 전제를 가지고 있다.

단지 효율성을 떠나 살펴볼 때, 진정한 의미에서 감독정체에서는 감독과 목사가 교회이며 개별교회란 감독의 관리, 감독의 대상이다. 장로정체에서는 노회가 곧 교회이다. 장로교회에서 개별교회(회중)는 노회라는 교회의 한 지체에 불과하다.[27]

세속적인 관점에서 볼 때 개별교회의 목회권을 가장 효율적으로 관리할 수 있는 체제가 감독정체이다. 감독 한 사람에게 모든 권한이 집중되어 있기 때문이다. 장로교회는 다수의 협의기관인 노회에 모든 권한이 집중되어 있기 때문에 노회는 개별교회를 탁월하게 보호할 수 있다.

하지만 침례교인들은 여기에, "어떤 차원에서?"라고 묻는다. 감독정체와 장로정체는 헌장이나 헌법에 의해, 그리고 감독이나 노회에 의해 개별교회와 그 목회권을 보장하지만 그것은 사실 세속적, 유형적 차원에 머물러 있는 것이기 때문에 침례교인들을 만족시키지 못한다. 교회는 복음적인 동시에 영적(靈的) 유기체이기 때문에 그 원리와 운용도 당연히 복음적이며 영적이어야 한다.

---

27. 한국 장로교단의 헌법은 이 점에 있어서 한결같다. 그리고 이것은 장로교 정치체제를 완성한 스코틀랜드 개혁가들의 기본 구상이다. 사실상 모든 지교회는 예배당일 뿐이다.

> 교회의 원리와 운용까지도
> 철저히 **복음적, 영적**이어야 한다.

"복음적"이기 위해서는 문제에 직면하였을 때는 반드시 "복음" 즉, 성경에 의존해야 한다. 그리고 영적이기 위해서는 성령의 도우심으로, 말씀을 깨닫고 그 깨달은 것을 행해야 한다. 그런 점에서 "영적"이다. "복음적"이며 "영적"이라는 말을 합쳐서 "교회를 다스리는 법은 성경뿐이다"라고 침례교인들 말해왔다. 그런 점에서 침례교회의 정치방식은 가장 성숙된 그리스도인들을 위한 것이다.

충분히 복음적인 것을 불충분한 것으로, 영적인 것을 육적인 것으로 보완하는 것을 "완전케 한다"라고 말하지 않는다. "부패", "타락"이라고 말한다.

교회행정은 행정이 아니다. 교회는 참된 예배를 드리고 하나님을 영화롭게 하기 위한 일을 하는 기관이다. 교회가 유형적, 물질적 일을 할지라도 그 원리는 복음적이며 영적이어야 한다. 성령의 역사를 나타내야 한다. 따라서 교회행정은 예배이며, 신학이다.

교단행정은 교단이 교회가 아니기 때문에 교회행정보다 우월할 수 없다. 교회 위에 교회 없고, 교회 밑에 교회 없다. 따라서 교단은 교회문제에 간섭할 수 없다. 교단행정이 개별교회에 간섭하는 것은 사람이 하나님 나라에 간섭하는 셈이며, 사람의 지혜가 하나님의 지혜보다 우월하다고 주장하는 셈이다. 그러므로 침례교회의 정체성에 대한 몰이해, 경멸은 반드시 바로 잡아야 한다.

> **교회행정은
> 예배이며, 신학이다.**

그러기 위해서 특별감사에 다음과 같이 바라는 바이다.

첫째, 불편부당한 감사활동이어야 한다.

교회는 그리스도의 것이며 목사는 그 청지기이다. 감사활동은 그리스도의 뜻대로 움직이는 교회들을 돕는 사명을 다할 수 있도록, 총회기관을 정상적으로 작동하는 사업기관으로 회복시키는데 역점을 두어야 한다. 개인적인 친소관계를 떠나야 한다.

둘째, 정치논리를 배제한 감사활동이어야 한다.

모든 것을 제자리를 찾아 돌려놓고 제대로 작동하게 하는 활동을 정치라고 한다면 좋은 것이지만 사람들의 이해관계를 정치라고 한다면 그것은 잘못된 것이다. 아무리 선한 목적을 가졌더라도 일파의 이해관계를 추종하거나 표적수사를 하게 되면 반드시 반대파를 만들게 되고 역풍을 부르고 대사를 그르칠 수 있다.

셋째, 철저해야 한다.

특감활동은 침례교회 정체성을 재확립할 수 있는 마지막 보루라고 생각해야 한다. 특감활동이 무위로 끝나면 정체성을 바로 잡을 기회는 영영 사라질 수 있다. 정체성 문제에서도 특감위원들은 특히, 행정내규에 주목해야 한다. 84차와 97차 총회에서 결의된 것과는 달리 행정내규가 엉뚱한 주장의 "전거(典據)로 사용된 배경, 변조된 과정과 그 집필자를 찾아내야 한다.

넷째, 생산적이며 미래지향적이어야 한다.

감사활동은 바람직한 교단풍토를 만들고 밝은 미래를 열기 위한 활동이 되어야 한다. 단지 파괴적인 목적만을 지향해서는 안 된다. 그 이상이어야 한다. 침례교회의 참된 정체성이 무엇인지를 제대로 보여줄 수 있는 여건을 형성하기 위한 귀중한 밑거름이 되어야 한다. 또한 특감활동은 교단행정의 직무를 세밀히 살펴보는 일이므로 차제에 침례교다운 발전적인 행정체계를 꿈꿔볼 수 있는 기회를 만들어내었으면 한다.

교회는 민주주의가 아니다.

민주주의는 소수 의견보다는 다수 의견이 낫다고 보는 것이다. 기권은 중립이 아니라 다수 의견을 따르겠다는 의미이다. 그러므로 100표 중 찬성 40, 반대 30, 기권 30이면 사실상 찬성 70표가 된다고 본다. 그러나 안건에 대한 찬반을 재개의(재수정) ⇨ 개의(수정) ⇨ 원안 순서로 묻지 않고 증다수로 묻는 것은 민주주의 원리를 훼손할 우려가 크다. 3개의 안을 한꺼번에 찬성표만 물어 1안 40표, 2안 30표, 3안 30표로 1안을 가결하면 통과된 1안도 결국 과반수 목표를 하지 못한 것이기 때문이다. 다수의견이란 과반수 득표를 의민한다.

[3부]

획중주의! 바로 알고 바로 세우자

목사는 교회 안에서 종교권력가가 될 수 있다.

가르치는 자, 이끄는 자의 권세를 통해 자신만의 성을 쌓을 수 있다. 탐욕을 버리라. 종교권력을 꿈구지 마라. 회중주의를 철저히 실천하라. 성경의 교회원리가 그대로 작동하는 교회를 꿈꾸라. 그것이 하나님의 큰 일임을 잊지 말라.

19 침례교회식 회중주의의 정체성

16세기 종교개혁은 사제들이 장악했던 교회주권을 회중에게 돌려주기 위한 투쟁이라고 볼 수 있다. 그렇다면 성경이 원하는 만큼 철저히 그렇게 해야 한다. 침례교단을 표방한 교단들 가운데는 이단도 있고 회중주의를 가정교회나 독립교회 쪽으로 치우쳐 균형을 잃은 쪽도 있다. 이에 한국 유일의 정통 침례교단인 기독교한국침례회(기침) 교단은 회중주의를 바르게 실현할 막중한 책임과 의무가 있다. 그렇다고 해서 모든 교회가 침례교회로 이적할 필요는 없다. 그 원리가 성경적인만큼 받아들여 실현하기만 하면 된다.

침례교회의 정체성

(08.02.20)

"정체성"이란 자신이 누구인지를 확인하는 징표라고 할 수 있다. 건강한 자아를 가졌다면, 자기 스스로에게 뿐만 아니라 타인에게도 일관된 정체성을 확립해 줄 수 있어야 한다. 정체성을 공유할 수 있을 때 참으로 "우리"라고 말할 수 있는 법이다. 그런 점에서 "정체성"은 "동질성"이다.

그러므로 정체성에 관한 논의는 어떤 모습까지, 어떤 선까지를 날카롭게 경계선을 그어 "이쪽"과 "저쪽"을 구별지을 것인가에 관한 논의이다. 그리고 내적으로는 "우리가 이렇게 해도 되는가?" 혹은 "이렇게 해도 우리는 우리다움을 잊어버리지 않고 남아 있을 수 있을까?"라는 질문을 던지는 것이다.

교회의 정체이기 때문에, 보이지 않는 측면 즉, 영성이라고 표현할 수 있는 것과 보이는 측면 즉, 제도라고 표현할 수 있는 것을 합해야 충분한 답을 할 수 있을 것이다. 오늘날 우리가 관심을 기울여야 하는 정체성 문제는 그 중에서도 외적 측면 즉, 제도라는 틀이다.

눈에 보이지 않는 영성이 눈에 보이는 제도보다 비할 수 없이 중요하지만 그렇다고 해서 제도를 소홀히 해서는 안 된다. 제도는 단지 종교의 껍데기에 불과한 것이 아니다. 사람의 내적 자아가 근본적으로 중요하지만 그 자아를 참으로 실현하기 위해서는 육신이 반드시 필요하고, 육신의 태도를 통해 그 인격의 수양을 나타낼 수 있다는 점에서 육신이 중요하듯이 종교에 있어서 제도도 매우 중요하다는 점을 잊어서는 안 된다. 경건 그 자체가 중요하지만 육신을 복종시키는 경건의 "훈련" 역시 중요한 것과 마찬가지이다.

그러나 경건의 훈련을 열심히 해야 하지만 그렇다고 바리새적이 되어서는 안 된다. 그렇다. 그러한 분별력을 갖춰야 한다. 침례교회의 정체성은 개별교회의 독립성을 철저히 고수하는 특수주의(particularism)이지만 그렇다고 해서 독립교회정체의 개교회주의(church-individualism)를 추구하지는 않았다. 침례교회가 개별교회의 특수성을 강조하였지만 "연합의 정신"(associationalism)을 그 이상 강조하였다.

개교회주의가 회중주의는 아니다

수평선을 그려놓고 보면, 침례교회 정체의 왼편에는 장로교회정체가 있고 오른편에는 독립교회정체가 있다. 다시 말하자면, 장로교회정체와 독립교회정체의 한 중간에 침례교회정체가 놓여있는 셈이다. 그렇다고 해서 우리 선조들은 장로교회정체와 독립교회정체를 절충해서 그 중간노선을 만들어 취한 것은 아니다.

1560년을 전후한 스코틀랜드 국가와 교회의 역사적 상황에서 장로교회정체가 만들어졌고, 잉글랜드 교회를 개혁하는 과정에서 청교도운동을 통해 회중주의가 빚어지고 신대륙 미국의 토양에서 자라났다. 그러나 침례교회 선조들은 양 정체가 성경적 기준에 불충분하다는 사실을 자각하였다. 신약성경과 초대교회가 보여준 지상교회의 모습대로 정체성을 회복하기를 원하여, 특수주의(particularism)를 기초로 한 연합주의(associationalism) 정치체제를 재발견하고 재현하였다.

> **침례교회 정치원리는
> 특수주의와 연합의 정신에 있다.**

그렇다. 침례교 지방회(association)는 축소된 규모의 장로교 노회(presbytery)와 비슷해 보일 수는 있어도 결코 같지 않다. 많은 침례교회에서 채택하고 있는 운영위원회 제도도 장로교회의 전통적인 "당회"와 엇비슷해도 결코 당회와 동질적인 것이어서는 안 된다.

침례교회나 장로교회 모두 교단총회로 모이지만 장로교단의 총회는 "어셈블리"(assembly)이고 침례교단의 총회는 "컨벤션"(convention)이다. 어셈블리는 "성도들이 모두 모인 것"을 가리킨다. 그러나 침례교회 총회는 성도와 교회들의 총합이 아니라 대표자들의 모임이기 때문에 컨벤션이다. 그러므로 장로교회에서는 개별교회의 대표자들이 모였을 때 논리적으로는, 대표자들만이 아니라 전체 성도들이 모인 것으로 간주한다는 뜻이다. 17세기 문헌 가운데 침례교회는 개별교회의 회중을 가리켜 "어셈블리"라고 표기하였지 개별교회 대표자들이 모인 회의를 어셈블리 즉, 교회로 간주하지 않았다.

그 차이를 정확하게 인식하고 또 명확하게 몸으로 드러내는 것이 "정체성"이다. 나의 나 됨이 우리의 우리 됨에 적합하게 어울려야 마땅하지 않은가! 그래야 동질성이 있는 것이며, 동질성이 보존될 수 있는 것이 아닌가!

2008년은 제 1 런던신앙고백이 채택된 지 364년째 되는 해이고, 제 2 런던신앙고백이 채택된 지 339년이 되는 해이다. 침례교회는 그 최초의 신앙고백에서부터 정치원리 및 체제를 명확히 하였다. 그리고 그간의 세월동안 쌓은 것이 단순하게 생각해도 좋은 것들이 아니다.

인터넷과 특별기고를 통해 "침례교회의 정체성이 무너진다"라고 질타하였지만, 그리고 그 글들은 잘못을 행한 누군가를 응징해야 한다는 논조로 받아들일 수 있었겠지만, 정작 중요한 것은 침례교회를 침례교회답게 만들어주는, 우리다운 방식과 태도는 무엇인가라는 진지한 고민을 해야 한다는 데에 더 큰 무게중심을 두어야 한다.

교단 총회장에게 실권을 아무리 많이 부여해도 결코 감리교회나 장로교회의 총회장이 아닌 침례교회 총회장다울 수 있어야 하지 않은가? 그렇게 만들어줄 수 있는 것은 무엇인가? 교단 총무는 업무 특성상 개별교회 문제에 많이 개입하게 된다. 그렇듯 총무가 개별교회 문제에 관여를 해도 장로교단과는 다른, 침례교단다운 모습이 되어야 하지 않은가? 그렇다면 그렇게 만들어주는 것은 무엇일까?

고전적 특성을 보존하면서도 현 시대가 요청하는 변화를 수용하되 어떻게 해야 침례교다운 정체성을 유지한다고 말할 수 있는 것일까? 개별교회의 독자성을 인정한다고 하지만 어느 정도 선까지 허용해야 옳을까? 매사에 지방회는 어떤 역할을 해야 하는가? 지방회와 총회와의 관계는 어떠해야 하는가?

지금 교단의 현안은 우리에게 이런 질문을 총체적으로 제기하고 있다. 대부분의 침례교 목회자들이 인식할 수 있는 틀림없는 오류들이 저질러졌고 지금 특별감사를 통해 확인하고 있다. 이에 대한 최종 판단의 몫 역시 특별감사위원회나 총회임원회가 아니라 교단총회를 구성하는 모든 개별교회의 몫이다. 정체성이란 이론이 아니라 실제 모습이다. 입이 아니라 손과 발, 땀과 눈물로 만들어가고 지켜가는 것이다.

개별교회가
회중주의를 해야 진짜 회중주의가 산다

지금까지 특별기고는 기독교한국침례교회는 실제로 어떤 정치체제를 사용하느냐는 법원의 질의에 대한 총회행정부의 답변을 중심으로 하였다. 이제 이 문제는 교단적 관심사가 되었고 특별감사가 진행중이다. 임시총회가 열릴지, 가을 정기총회 때 보고되고 처리될지는 교단이 좌우할 문제이다.

한 개인으로서의 필자는 이제부터는 우리 침례교회 정체성은 어떤 것이며, 어떻게 해야 우리 정체성을 바로 세울 수 있는 것인가에 관한 고민을 중심으로 글을 써나가고자 한다. 앞으로 전개될 글 역시 역사에 관심이 많은 한 개인의 글로 치부될 수 있고, 침례교회의 옛 전통에 대한 얼마간의 이해를 표출한 것으로 받아들여질 수 있을 것이다. 다만 침례교인들 중에 진정한 침례교회 전통을 올바로 세워나 가려는 진지한 열의에 대한 적절한 촉매역할을 할 수 있기를 바란다.

목사직은 고귀하다 20

목사의 본분은 주님의 목장을 지키는 개(犬)의 역할이다. 개가 억지 주인노릇을 한 탓에 상처 입은 사람들이 교회개혁을 부르짖으면서 '목사를 교회의 피고용인쯤으로 만들거나 당회 혹은 운영위원회를 만들어 민주적 이사회 정도로 만드는 경우'가 많아지고 있다. 심지어 담임목사제도를 폐기한 교회도 나온다. 교회에서 독재냐 민주냐를 논하는 것은 그 취지는 이해할만하지만 민주권력도 또다른 형태의 종교권력이다. 담임목사에 의한 독재도 옳지 않지만 다수파 독재나 소수파 독재도 큰 문제다. 사제가 아니라 회중에게 교회주권을 돌려준다는 것을 회중 전원에게 균등하게 권력을 분배한다는 것으로 이해하면 곤란해진다. 먼저 주님께서 교회에 가르치는 직분을 세우신 그 고귀한 목적을 되새겨야 하겠다.

목사 없이 교회 없다

(08.03.07)

총회행정부가 우리 교단은 회중주의를 시행하지 않고 감독주의 정체를 따르는 듯이 기술한 답변서를 서울중앙지방법원에 보냈다. 이 답변서가 안고 있는 잘못된 부분을 비판적으로 지적한 일련의 글에서 본인은, 개별회중의 독립성이라는 의미에서 회중주의 정신을 천명하였고 "침례교회식 회중주의"라는 중요한 정신도 언급하였다. 그런데 일부 독자들은 "철저한 회중주의"라는 부분에서 약간의 오해를 하는 것 같다.

철저한 독립성이란 개별회중의 의사결정은 전적으로 그 회중의 자유로운 선택이어야 하며 그 외부에서는 그 회중의 선택에 부적절하게 관여하거나 강제할 권한이 없다는 뜻이다. 그런 취지를 담은 표어가 "교회 위에 교회 없고 교회 밑에 교회 없다"였다.

그러나 오해해서는 안 된다. 이 주장을 개별회중은 타 회중이나 외부 기관에 대해 일체의 의무가 없다는 선까지 확대해서는 안 된다. 이 선까지 밀고 나가면 침례교회 정체가 아니다. 독립주의 교회정체이다.

독립교회정체와 침례교회정체는 회중이 교회의 본질적 측면이며 어떤 회중도 그 외부로부터 간섭과 강제를 받아서는 안 된다고 천명

한다는 점에서는 한 목소리를 낸다. 이 때문에 독립교회정체와 침례교회정체를 혼동하기도 한다.[28]

침례교회는 타 회중에 대해서는 권리와 간섭은 없지만 의무는 있다는 것이 성경의 가르침임을 발견하였다. 영적이든 육적이든 사랑과 형제우애의 의무를 짊어지기 위해 지방회를 구성하고 나아가서는 총회를 구성한다. 이것은 단순히 협동비를 내는 것 이상의 일을 한다는 의미이다.

타 교회들과 연대하여 다른 교회들을 돌보거나 협동사업을 벌이는 일에 소홀하게 될 정도로 독립성을 지나치게 강조하는 것은 침례교 본연의 정신에 어긋나는 것이다.

자발적 연합은 선택사항이 아니다.

침례교 정체성에 관한 최근 일로 인해 빚어진 또 하나의 오해는 목사의 임면과 목회권 보호에 관한 논란이다.

목사의 임면권한은 전적으로 개별회중에 있으며 회중의 양도불가능한 고유권한이라는 면에서 오해가 빚어진 것 같다. 이 표현은 목

---

28. 독립교회정체는 사실상의 개교회주의(church-individualism)이고 침례교회정체는 연합주의(혹은 지방회주의, associationalism)를 취한다는 점에서 다르다. 독립교회정체에 속하는 방식 가운데 개교회주의를 취하는 교회들이 일종의 협동조합처럼 무리를 형성하는 경우가 있다. 그 실례가 "독립교단"이라는 단체이다. 침례교 정체성에 매우 근접했지만 엄밀하게는 침례교회 방식과도 구별된다.

사의 임면은 전적으로 그 회중 구성원들의 합의에 의해서 결정되며, 따라서 그 회중 외부에서 부당하게 간섭하거나 강제해서는 안 된다는 의미이다.

그런데 이 사상을 마치 목사는 전적으로 회중이 "임의로" 고용하는 피고용인 정도로 취급해도 되며 회중이 필요할 때 채용하였다가 필요가 없으면 내보내면 된다는 뜻으로까지 밀고나가서는 안 된다. 이런 식으로 도를 넘은 회중은 교회됨을 상실하였다는 것을 알아야 한다.

기독교 신자들이 많이 모였다고 해서, 예배를 드린다고 해서 "회중" 혹은 "교회공동체"가 되는 것이 아니다. 기독교 2천년 역사를 관통하는 주요한 흐름에서 교회가 교회다울 수 있는 첫 번째 요소는 (목자 혹은 목회자라고도 할 수 있는) "목사"의 존재이다.

다시 말하자면, 일단의 무리가 서로 연합(association)하여 그리스도의 몸(a body)을 이루는 것이 하나님의 뜻임을 발견하였을 때 이 무리가 주의 뜻을 따라 교회되기로 동의함과 동시에 목사를 세움으로써 "회중" 즉, "개별교회"가 되는 것이다. 기독교의 주류 전통에서는 "목사 없는 회중"은 정상적이지도 바람직하지도 않다. 아니, 목사 없이는 회중도 없다고 단언할 수 있다.

그렇다면 목사직분이란 무엇일까?

목사는 하나님이 세운 "은혜의 기관"이다. 목사직은 사람이 자원

한다거나 일정한 자격을 갖췄다고 될 수 있는 것이 아니다. 하나님께서 자신의 자녀들에게 말씀과 은혜를 베풀기 위해 사용하시는 "통로"이다. 어떤 자를 목사로 세우는 것뿐만 아니라 그 목사에게 회중을 맡기는 것과 그 회중을 떠나는 것 역시 전적으로 하나님의 뜻에 의한 것이다.

**목사는
교회를 위한, 말씀과 은혜의 통로이다.**

하나님의 뜻 없이는, 목사는 더 크고 좋은 교회, 더 편한 자리를 찾아 함부로 옮겨서는 안 된다고 말하는 것은 그 때문이다.

회중은 자신의 취향대로, 입맛대로, 기준대로 목사를 "고용"하거나 "폐"하는 태도를 가져서는 안 된다. 그것은 기업이지 교회의 모습이 결코 아니다. 모든 것을 뛰어넘어 가장 우선시해야할 기준은 역시 "하나님의 뜻"이다. 하나님의 뜻을 이루고, 하나님의 영광을 위하여, 그리고 하나님께서 베푸시기를 원하는 말씀과 은혜와 축복을 주시기 위해 하나님께서 택하신 "종"이라는 분명한 발견과 그에 대한 순종의 결과로 그를 목사로 세우는 것이다.

목사가 되고 회중을 담당하는 것이 하나님의 뜻에 대한 순종이며, 회중도 그를 목사로 받아들여 회중의 지도자로 세우는 것도 하나님의 뜻에 대한 순종이라는 것이 기독교의 가장 기본적인 목사관이다.

목사를 세우는 일에 회중의 합의, 사무처리회 결의가 요구되는 것은 회중이 사실상의 고용주라서가 아니다. 목사를 고용한 이는 전적으로 하나님이시고 따라서 목사에게 월급을 주는 것도 하나님이시다. 회중이 목사에게 월급을 주는 것이 결코 아니다. 회중이 하나님께 봉헌한 것 가운데 일부를 하나님께서 목사에게 허락하신 것이다. 그래서 회중은 목사에게 인건비 혹은 월급을 준다고 말하는 것은 부적절하다. 인건비 혹은 월급이라고 생각하는 것은 세속적 관점이 스며든 것이다.

목사가 회중을 담당한다는 것은 그 회중의 유익을 위해 목사는 자신의 모든 유익을 희생할 수 있다는 뜻이다. 목사의 인간적 희생정신 때문이 아니라 하나님의 소명과 맡김 때문에 그렇게 한다.

반면에, 회중이 목사를 받아들인다는 것은 전적으로 목사를 신뢰하고 따른다는 "서약"에 다름 아니다. 그 서약은 목사의 직무와 생활에 관련된 모든 것을 그 회중이 최대한 책임진다는 것까지 포함하며 그 책임이행은 회중 전체의 책무이기 때문에 목사를 세울 때 회중의 합의가 필요한 것이다. 물론 이 합의는 하나님 앞에서의 서약이라는 측면임을 결코 잊어서는 안 된다. 마찬가지로 교회의 운영위원회를 세속적인 이사회처럼 생각하고 운영하는 것은 결코 성경적이지 않다.

> **운영위원회를
> 민주적으로 운영한다고 회중주의가 이뤄지지 않는다.**

그런 점에서 목사와 회중의 "만남"을, 결혼에 비유하는 것이 적절하다. 결혼관계에 있어서 권리를 주장하기 시작하면 대개 신혼의 단꿈은 환멸로 끝나지만 서로에 대한 책임만을 감당하면 언제까지나 행복한 가정을 이룰 수 있다.

물론 전통적으로, 목사와 회중의 관계를 영적 아버지와 그 자녀들 혹은 목자와 양떼로 비유해왔다. 이런 관점에 대해 오늘날 거센 비판이 제기되지만 여전히 타당한 비유이다.

누구나 신학을 배울 수 있지만 아무나 목사가 될 수 없고 되어서도 안 된다. 누구라도 자기주장을 할 수 있지만 하나님께서 그 회중을 맡긴 최고책임자인 목사만큼 하나님 앞에서 책임질 수 있는 자는 없다. 올바른 목사를 세우는 것, 목사를 올바르게 세우는 것은 회중의 가장 큰 과업이며, 어떤 점에서는 기독교의 본질적 특성을 영속화시키는 가장 기본적인 방법임을 염두에 두어야 한다.

올바른 목사관 및 목회권의 수립은 목사 개인의 노력이지만 이것들을 회중에게 가르치고 또 회중으로부터 보장받기 위해서 가장 중요한 울타리가 되어주어야 하는 것이 총회이다. 간섭이 아니라 도움과 충고를 통해 목사직의 존엄성과 목회권을 보장해주는 능력이야말로 총회의 역량을 가늠하는 한 기준이다. 이 때문에라도 개별교회와 목사들은 총회가 올바로 기능하도록 항시 주시하고 바로 잡아야 한다.

목회권은 분리되지 않는다 21

교회주권을 목회권으로 몰아넣고, 목회권을 강단권과 치리권으로 나눈 방식 자체가 문제가 큰 관점이다. 회중이 현실적으로 교회주권의 당사자(담지자)라면 위의 사고방식은 그 회중에서 참다운 의미의 신학을 빼앗는다. 회중이 교회신학에 관심을 가질 이유가 없도록 만드는 것이다. 신학은 목회권 즉, 사실상의 교도권(敎導權)을 가진 계급 중에서도 목사에게만 필요하게 되기 때문이다. 회중주의란 회중이 담임목사를 세워도 회중 목양에 관한 모든 권한과 책임을 위임할 수 없다고 보는 것이다. 여전히 권한과 책임이 회중 그 자체에 있기 때문에 목사에게 목회에 관한 책임을 추궁할 수 있다(전적으로 추궁할 수는 없다). 사실 논쟁과 다툼보다는 목사로부터 배우고 익히면서 교인들도 신학적 통찰력을 갖게 하는 구조이다.

목사 없이 교회 없다(2)
(08.03.21)

목사의 목회권을 보호하고자 한다면 먼저, 총회규약에 목사의 신분과 지위 그리고 목회권에 관한 개념들을 명확히 규정해 두어야 한다.

극히 드문 사례겠지만 어떤 교회의 운영위원은 담임목사의 리더십을 견제하기 위하여, 파트 전도사도 목회자이므로 담당부서의 사역에 관한 한 담임목사와 대등한 권한을 가진 것이 아니냐는 의견을 내놓기도 하였다. 전도사도 목회자라는 점에서는 최소한의 일리가 없지는 않지만 여기에서 언급되는 목사는 소위 담임목사이며 그 외의 목회자는 그 담임목사를 돕거나 목사후보생으로서 훈련받는 과정에 있는 자들이다.[29] 이들에 대한 어떤 책임도 모두 담임목사에게 있다는 점에서 담임목사와 동등한 의미에서의 목회자가 결코 아니다. 현실적으로 매우 넓은 의미에서 목사라는 용어는, 전도사 · 부목사 · 협동목사 · 담임목사를 모두 포함할 수 있다. 이 역시 규약에서

---

29. 목회자 사이에 차등을 두고 그에 따라 달리 대우하는 것에 대한 반대는 담임목사 이외의 목회자의 보수가 생계비에 턱없이 부족하기 때문이고 담임목사가 악덕사장처럼 보이기 때문인 경우가 많다. 이에 대한 해결책은 담임목사 이외의 목회자 보수를 높이는 것이지 획일적 평준화가 해답이 될 수 없다. 이것은 목회를 아마추어적 활동으로 보게 만들고, 교회의 질을 하향평준화하는 결과를 빚을 뿐이다.

명확히 해 둘 필요가 있다.

물론 극단적인 경우이지만 위의 경우도 개별교회 내부의 일이므로 지방회나 총회에서는 간섭해서는 안 된다고 주장할 수 있다. 사안을 "간섭"이나 "독립성"의 문제로 접근하면 그런 주장도 일리는 있다. 하지만 이 주장을 액면 그대로 받아들인다면 그것은 침례교회식 회중주의가 아니라 독립주의 정치체제식의 회중주의가 된다는 사실을 알아야 한다.[30]

침례교회식의 정치체제에서는 "계도"와 "교훈", 그리고 "충고"로 접근해야 한다. 올바른 계도와 충고가 먹히고 올바른 방향으로 유도되기 위해서는 먼저, 총회와 지방회에 올바른 목사관이 정립되고 규정되어 있어야 한다.

그렇다면 침례교회의 목사관은 그 근본원리가 감독교회나 장로교회와 다른가? 이런 질문에 대해서는 다르다는 말보다는 다른 점이 있다는 말이 더 어울리는 대답이다.

본래 감독정체는 초대교회가 계급화 · 봉건화 · 교구화되면서 나타난 (중세적) 정치체제이다. 감독정체에서는 목사라고 해서 다 같은 목사가 아니다. 일정 지역(교구) 내에서 가장 우두머리가 되는 목사가 봉건적 · 계급적 의미에서의 권력을 장악한다. 지역통치권력을 가진

---

30. 양자는 정도만 약간 다른 것처럼 보일 수 있다. 그러나 그 정도의 차이는 본질적인 차이를 만들어내고 상당히 다른 결과를 낳는다.

이 신분을 감독이라고 하였던 데서 감독(혹은 주교) 정체의 원형이 나온 것이다. 개별교회의 목회자 임면권한은 이 감독의 고유권한이다.

장로정체에서는 누군가에게 안수를 주어 목사로 세울지를 결정하는 것은 개별교회가 아니라 장로들의 회의체인 노회에 있고 목사는 개별교회에 파송되는 것이다. 결국, 개별교회의 담임목사를 세우는 것은 노회와 목사 그리고 회중의 합의인 셈이다. 그런데 장로정체에서 주의해야 할 요소는 "목사의 지위"이다. 장로정체에서 신학적으로는 목사와 장로로 나뉘어져 있지만 실제 행정원리에서는 목사는 없고 "목회장로"일 뿐이다. 즉, 개별교회는 사실상 노회가 파송한 "목회장로"와 개별회중의 대표인 "치리장로"가 공동으로 책임진다. 그래서 장로교회에서는 목회장로와 치리장로로 구성되는 당회라는 기관이 구성되고 이 당회가 있어야 정규적인 의미에서 교회가 된다.

목회장로의 목회권은 담임목사가 취임하면서 자연히 주어지는 것이 아니고 몇 년간의 임시목회기간을 지낸 뒤에 회중들이 목회권을 위임하기로 결의함으로써, "위임목사"가 됨으로써 목회권이 확보된다. 따라서 목사론의 관점에서 장로교회를 장로주의정치체제라고 말하는 것이며, 위임목사제도라고도 할 수 있다.[31]

---

31. "담임목사"라는 명칭은 교회제도에서 나온 명칭이 아니라 편의상 사용하며 굳어진 명칭이다. "위임목사"가 옳은 명칭이다.

위임목사
제도는 성경적이지 않다.

침례교회의 관점에서 "당회"라는 기관과 "위임목사"라는 제도를 둔 명확한 전범과 원리를 신약성경에서 찾을 수 없고 무엇보다도 성경에서 언급된 '장로'를 이렇듯 목회권과 치리권을 분담하는 전례도 찾을 수 없기에 우리는 장로제도를 취하지 않는다.

스코틀랜드 교회가 이런 식의 장로주의 정치체제를 발전시킨 데에는 역사적 정당성이 없지는 않다. 순회감독을 통해 교회에 간섭하려는 왕권에 저항하려는 목적, 개별교회에 자격을 갖춘 동시에 일정한 틀을 공유하는 목사를 공급하려는 목적, 부임한 목사와 개별회중의 일체성을 확보하려는 목적, 이 세 가지 목적을 충족시키기 위해서였다.

원리적인 차원에서 볼 때, 장로교회의 정치방식은 16-17세기 스코틀랜드 종교개혁 당시에는 효율성과 신학적 안정성을 도모하기 위한 최선의 선택이었을 것이다. 하지만 침례교회의 원리와 비교해 볼 때 적어도 두 가지 문제가 있다.

첫째, 목사와 개별교회의 관계에서 효율성과 신학적 안정성은 높였지만 하나님의 역사하심과 회중의 신앙 및 선택을 약화시켰다.

자격을 갖췄다는 것, 준비되었다는 판단에는 인간적인 기준과 관점이 개입되는 것을 피할 수 없다. 더구나 그 판단을 그 회중 외부에서 한다는 것은 비록 긍정적인 측면이 있어서 귀담아 들어줄만할지라도 그 회중의 판단을 대체해서는 안 된다. 처음에는 자격을 갖추지 못하였고, 부족한 점이 많고 실수도 많을지언정 하나님께서 택하시고 사용하시고 그를 통하여 은혜를 주시겠다는 것이 하나님의 뜻임을 그 회중이 발견하였다는 그것으로 자격은 충분하다는 것이 침례교회의 원리이다. 만일 연구능력과 지식 등이 부족하고 그것들을 채울 필요가 있다면 그것은 차후에 채우면 된다. 게다가 그를 목사로서 훈련시키고 실력을 배양시키는 것 역시 회중이 져야할 책임이기도 하다.

침례교회 정치제도는 하나님의 뜻과 복음적 충실성을 위해 효율성과 안정성을 기꺼이 희생할 수 있다는 정신의 발로이다.

둘째, 장로정체는 엄밀한 의미에서 "목사"가 없고 그 역시 (목회)장로일 뿐인 반면에 침례교회는 (치리)장로가 없다고 해석할 수 있음에 주목해야 한다. 침례교회에서는 신약성경의 장로직을 목사직으로 해석하면서 단지 목사만이 존재할 뿐이라고 본 것이다.

신학적으로 말해서 교회의 항존직 즉, 지상교회가 지속적으로 존재하고 번성하기 위해서 교회에 반드시 세워야 하는 직분을 장로교회에서는 둘 즉, 목사(장로)와 (치리)장로라고 보았고, 침례교회에서는 항존직으로 유일하게 목사직만을 둔 셈이다.

침례교회 정치체제에서는 장로정체에서처럼 목회권을 강단권과 치리권으로 나눈 뒤에 강단권을 목회장로가, 치리권을 치리장로가 담당하고 위임목사가 된 목회장로가 치리장로를 지휘하는 그런 식의 장로를 두지 않는다.

목회권을
강단권과 치리권으로 나눌 성경적 근거가 없다.

침례교회 정치체제에서 목사는 분명 강단권(엄밀하게 말하자면, 강단에 대한 책임)을 가진다. 그렇다면 치리권(통치권)은? 이 치리권은 복잡한 설명이 필요하다. 치리권은 분명 그리스도의 대권이다. 만일 회중 내에서 그리스도의 대권을 위임받은 실체가 무엇인지 정확하게 규정하라고 요구한다면, 그것은 "말씀"이라고 대답할 수밖에 없다. 그런데 현실 교회에서 말씀은 다시, "선포된 말씀"과 "회중이 신앙으로 받아들인 말씀" 이렇게 두 가지로 나눌 수 있다.

선포하고 가르치는 목사가 있어야 회중은 말씀을 들을 수 있다. 이 점을 고려한다면 치리권은 목사에게 있음이 분명하다.[32]

그러나 선포된 말씀은 회중의 신앙을 통해 회중의 마음에 자리잡고 회중의 삶을 통해 실현된다는 점에서, 그리고 회중의 (말씀에 대한) 자발적 순종과 합의를 통해서 목사에게 위임된다. 제도와 법에 의해 위임되는 것이 아니라 복음적 일치 즉, 말씀과 성령에 의해 위임된

---

32. 그러나 이것은 말씀에 의한 치리권이다. 엄밀하게 말해서, 치리권은 회중 그 자체의 양도불가능한 권한이다.

다. 회중의 합의는 민주적 합의에 의해 정당성을 획득하는 것이 아니라 복음적 일치에 의해 정당성을 획득한다. 그리고 그리스도의 뜻을 올바르게 구현하기 위한 것이다.

> **목사는 회중에게 말씀을
> 올바로 가르치고 준행하도록 할 책임을 진 직분이다.**

사무처리회가 목사를 해임하겠다는 결의를 통과시켰을 때에는 그 교회가 더 이상 그 목사를 고용하지 않기로 하였다는 세속적 관점에서보다는 그 목사의 선포와 가르침이 실패하였다는 점과, 그 회중이 더 이상 복음에 충실하기를 거절하였다는 점에서 살펴보지 않으면 안 된다.

목사에 대한 징계 22

장로제도란 목사에 대한 징계를 의도적으로 어렵게 만든 구조이다. 사실상 '인사권'이란 것이 존재하지 않는다. 노회와 정치가 있을 뿐이고 사실상 목사를 적극적으로 보호할 수 있는 제도를 만든 것이다. 장로제도가 생겨난 16-19세기 스코틀랜드에서는 그럴 필요가 있었다. 하지만 사람의 필요에 따라 만든 제도는 그에 못지않은 폐단이 있는 법이다. 어떤 도시국가의 대표자를 그 국가 자체에서 뽑지 못하고 외국 수뇌부로부터 파견되어 오거나 동의를 구해야 한다면 그것은 식민지일 뿐이다. 한 국가 내의 지방의 경우라면 관료정치체제인 것이다. 생활에 관련해서는 완전한 지방자치가 좋지 아니한가!

목사없이 교회 없다(3)

(08.04.11)

그리스도의 몸 된 교회가 하나님의 선한 창조세계를 상징하고, 예배는 하나님께서 기뻐하시는 창조질서를 드러낸다면, 목사는 그리스도의 삼중직이 어떤 한 것인지를 그려주는 모형이라고 할 수 있다. 말씀을 공적으로 선포하고(선지자직), 예배를 인도하고(제사장직), 성도들로 하여금 그리스도의 일을 수행하도록 이끈다(왕직).

사제주의는 자연주의적, 피조물-중심적인 구원체계인데 이를 거부하기 위한 명제가 전신자제사장 교리이다. 물론 전신자제사장 교리가 목사의 특권신분제를 거부하기도 하고 목사의 평신도 직을 주창하는 역할을 하기는 한다.

목사의 직이 은사이기는 하지만 "목사"라는 은사는 없다. 교회에는 크게 두 가지 은사가 있다. 말씀을 가르치는 은사와 말씀을 따라 섬기는 은사가 그것들이다. 결과적으로 교회에서 근본적인 중요성을 갖는 사람은 목사이다.

장로주의 정치제도에서는 목사장로와 치리(평신도)장로가 "노회"(presbytery)를 구성한다. 이 노회가 산하(傘下)의 모든 회중들과 지도자들의 영적 상태를 감찰하고 적절한 교육·훈련을 제공한다. 장로주의 체제에서 노회는 산하 모든 교회들을 묶은 하나의 교회인 동시에,

목회자 후보자를 선발하여 훈련하고 평가하고 목사로 세우고 개별 교회에 파송하는 기관이다. 따라서 목사직에 대한 징벌권은 당연히 노회에게 있다.[33]

침례교회식 회중주의에서는 성도에게 안수주어 목사로 세우는 기본적인 권한은 전적으로 개별교회(회중)에 있다. 따라서 목사의 임면권은 개별교회에 있다. 지방회는 그 과정을 공정하고 합당하게 수행하도록 돕고 보증하는 역할을 한다. 총회는 원칙적으로 이 과정에 개입하지 않는다.

**회중만이
회중을 통치한다.**

침례교 총회는 광범위한 협력사업을 수행하도록 개별교회들로부터 파송된 대표자들의 모임이며, 대표자들이 부여한 권한과 사업의 범위 안에서 협력사업을 수행한다. 즉, 침례교 총회는 사업기관이기 때문에 목사 임면권이 없다.[34]

---

33. 장로주의 정치 이론에 따르면 노회가 목사를 세우기 때문에 목사에 대한 징계를 노회가 할 수 있다고 하지만 담임목사 혹은 부목사의 목회활동으로 인한 징계는 노회가 아니라 그 활동 현장인 지교회에 있다. 그런데 지교회는 목사를 세우는 권한이 없기 때문에 목사 신분에 대한 징계권은 가지고 있지 않다. 엄밀히 말해서 장로주의는 목사에 대한 징계가 불가능하거나 극히 어렵게 만든 체제라고도 할 수 있다. 다시 말해서, 회중은 담임목사직에서 해임할 수는 있지만 목사 신분을 빼앗지는 못한다.
34. 목사뿐만 아니라 교회의 모든 직분에 대한 임면권은 전적으로 해당 회중에게 있다.

물론 기독교한국침례회는 원론적 차원을 떠나 이 문제에 관해 진지한 고찰을 해야하고, 한국적 상황에서 교단(敎團)이라는 특성과 어떻게 조화시킬 것에 대한 고민을 해야 한다.

우리 총회규약 제 8장, 26조와 27조는 징계를 규정한 조문이다.

우선 문제가 되는 것은 이 규정이 "목회자 신분"에 관한 것인가 하는 점이다. 그러나 목회자 신분에 관한 규정이라는 말과 "목회자 신분에 대한 징계를 목적으로 한 규약"이라는 말은 의미가 다르다.

즉, 이 규정이 목회자의 신분이나 목회권에 관한 규정이 될 수 없지만, 이 규정을 통해 목사를 제명하고 교단 밖으로 축출하는데 사용하는 것은 암묵적 합의에 의해 가능하다는 말이다. 엄밀하게 따지자면 총회규약 26조와 27조는 목회자 신분을 제한하는 규정이 될 수 없다. 그 이유는,

첫째, 총회는 개별교회를 통제하는 권한이 없고 개별교회 밖에는 교회가 없기 때문이다. 침례교회에서 지방회와 총회는 개별교회 대표자(대의원)들의 회집일 뿐 교회가 아니다. 목사는 교회가 세운다. 지방회도 교회가 아니기 때문에 교회 없이 목사를 세우지 못하고 다만 개별교회를 도와 목사 세우는 것을 온전케 한다. 총회는 지방회보다 더욱 권한이 없다. 단지 세워진 목사를 총회라는 범주에 허입(許入)할 뿐이다.

둘째, 제 26조에서 "제명"을 규정하기는 했지만 27조에서는 경고를 받으면 1년간 대의원권이 정지되고, 근신을 받으면 근신기간 동안에 공직박탈, 증명서류 발급 정지, 대의원권 정지를 규정한다. 그러므로 27조의 마지막 항목인 제명 역시 대의원권에 관한 것이다. 이 부분만을 따로 떼어 "제명 당한 자는 10년 이내에는 목회권을 복권할 수 없다"라는 식으로 해석하는 것은 어불성설이다.

셋째, 개별교회에서 평신도 대표자(대의원)를 파송하는 수가 있다. 그런데 제 26조와 27조를 목회자 신분에 관한 것으로 규정하면 "평신도" 대의원에 관해서는 징계조항이 전무하게 된다.

논리적으로 볼 때, 침례교 총회는 (안수)집사를 세우지 않기에 폐하지 않는 것처럼 목사를 세우지 않고 폐할 수도 없다. 따라서 총회규약 제 26조와 27조는 단지 대의원권에 관련한 징계로 보는 것이 타당하다.

징계를 결정하기 위한 정족수에 관해서는 총회대의원들의 합의가 있어야 한다. 이때 염두에 두어야 할 것이 있다.

징계를 의심의 여지가 없도록 만들기 위해서는 가급적 징계에 해당되는 사유를 최대한 적시해야 한다. 애매하고 포괄적이 될수록, 논란의 여지가 커지고, 임의적이고 자의적이 될 수 있고 형평성에 있어서도 논란이 생기게 된다.

총회장과 총무는 둘 다 선출직이지만 직위와 권한이 다르다. 임원이나 국장급 직원의 징계가 선출직의 징계와 당연히 다르듯이, 총회장과 총무 징계의 난이도를 달리할 필요가 있다.

2008년 3월 31일 공주 임시총회에서 가장 유감스러운 점도 여기에 있다. 임시총회에 상정된 두 안건 모두 그 근본 바탕에 침례교 정체성이 관련한 문제가 깔려 있었다. 첫 번째 안건에서는 우리 총회장의 선출에 세속법의 잣대를 들이댈 것이냐 아니면 우리 자신의 정체적 원리를 따를 것이냐의 문제이다. 이 부분에서 우리가 갖고 있는 근본원리를 확인하고 재천명하는 기회를 가졌다면 하는 아쉬움이 있다.

두 번째 안건에서는 특별감사 보고서의 첫째 문제가 침례교 정체성을 무시하는 총회답변서가 서울중앙지방법원 판사 앞으로 제출된 데서 발단하였다.

이 문서는 어떤 목사가 목사다움을 상실하였거나 비행을 저질렀다는 것과는 차원이 다르다. 교단총무는 97차 총회 석상에서도 대의원들이 압도적인 다수로 부인한 문서를 근거로 하여 침례교단을 전혀 침례교단이 아닌 단체로 만들 수 있는 명백한 위험을 저질렀다.

소위 "총회행정내규"는 총회 내부의 행정적 절차를 명확히 규정하는 차원을 떠나 개별교회를 관리·감독하는 권한과 개별교회의 담임목사를 임면하는 권한을 총무가 가졌다고 선언한다. 또한 총회의 질서를 유지하기 위해 개별교회와 목사를 통제하고 징계하는 권한도 가진 총회 통제권자임을 자처한다.

이와 같은 식의 전횡을 저지르고 그에 관한 명백한 증거와 행위가 있다면, 그 처벌은 다른 잘못에 비해 훨씬 엄중해야 마땅하다. 하물며 선출직을 맡은 책임자라면 일반 목사 회원보다 더욱 엄중하게 처벌받아야 한다. 이에 관한 명확한 합의를 이뤄 좋은 모범을 남겼어야 했다.

총회는
개별교회 목회자를 다스리지 못한다.

또한 이런 사안의 경우 선출직 해임에 과반수 결의가 타당한지, 2/3 결의가 있어야 하는 지에 관한 논의와 합의도 이뤄지지 않았다.

총회규약이 총회를 구성하는 모든 개별교회와 지방회 규약의 전범(典範)이라면 징계 절차와 처벌 역시 전범이 되어야 한다.

침례교 원리에서, 목사는 목사로서 뿐만 아니라 개별교회를 대표하는 대의원으로 활동하는 것이다. 징계를 받았다면 대의원으로서 받은 것인데 대의원이 징계를 받았다면 그를 대표자로 파송한 개별교회가 징계를 받은 셈이다.

그러므로 지방회와 총회에서의 징계가 대표자인 그 개인에 한정된 것인지 그를 파송한 개별교회에까지 해당하는 것인지를 처벌규정에서 명확히 해야 한다. 그리고 대의원에 대한 징계가 있었다면 그를 파송한 개별교회에도 합당한 절차와 방식에 의한 통지가 있어야 한다.

우리가 침례교 원리를 추구하는 것은 성경을 구현하기 위한 것이다. 양심이 법 위에 있는 것은 무법천지를 만들어도 좋다는 뜻이 아니라 최상의 법보다 훨씬 뛰어난 것을 추구하는 것임을 잊어서는 안 된다.

집사직은 항존직이 아니다

항존직이란 '교회에 항상 있어야 할 직분'이라고 정의한다. 그런데 이 말을 뒤집으면 교회에 '교회 외부로부터 공인된' 이 직분을 받은 자가 있어야 진짜 교회가 된다는 말이고, 교인은 항존직 직분자와 그렇지 않은 자로 나뉜다는 말이 된다. 사실상의 계급주의적 관념이 여전히 남아 있음을 부인할 수 없다. 직분은 계급이 아니라고 말하지만 안수집사와 서리집사, 노회고시를 통과하고 안수받은 장로와 권사가 대등하다고 생각하는 신자가 얼마나 될까? 교회의 종교권력화를 막기 위해서는 교회직분을 계급주의적으로 생각하는 방식을 먼저 청산해야 한다.

집사직은 항존직이 아니다

(08.04.25)

회중주의 정신을 제도화함에 있어서, 장로교회에서는 목사직분을 장로직분과 대등하게 만들고, 목사와 장로로 구성되는 합의기구로 당회를 만들었다. 이렇게 함으로써 장로교회는 목사로부터든 평신도 유력자로부터든 의사결정의 평등성을 확보한 것처럼 보인다.

장로제도에서도 명목상으론 최종의결권을 회중(교회회원) 전체로 구성되는 공동의회에 둔다. 이 때문에 장로교회에서는 자신들도 회중주의를 취한다고 한다. 그런데 교인(교회회원)들을 입교교인, 세례교인, 집사, 장로 등의 직분으로 나누고는 당회원 자격을, 노회의 검증을 통과한 장로에 한정한다. 이 제한은 장로교단 전체에 부과된 헌법에 규정되어 있다. 그러므로 장로교회의 노회제도는 원리적으로 목사직을 장로직으로 바꾼 대신에 노회와 당회 제도에 의해 목사의 목회권을 철저히 보호하려는 제도라고 볼 수 있다.

장로제도는 장로직분을 목사와 대등하게 노회에서 시취와 안수를 받는 직분으로 만듦으로써, 회중 내부에는 계급적 위계질서가 생길 수밖에 없게 만들고 사실상 회중의 평등성은 사라지게 만들 위험요소를 내포한 제도이다. 결국 장로제도는 그 본성상 회중주의를 이상으로 하면서도 계급주의를 철저히 배제하지 않은 셈이다.

> 장로제도는
> 계급주의적 회중주의라고 할 수 있다.

여기에서 집사직분을 아무리 좋게 설명해도 장로직분을 갖기 위한 중간단계에 불과한 것으로 만들었다는 비판을 피할 수 없다. 집사직분은 헌신적으로 실무를 담당하고 그 상위의 장로직분이 권한과 명예를 갖는다. 더구나 목사는 노회에서 파송되어온 객(客)이고 장로는 그 교회의 일반 성도들을 장악한 토박이 실세가 될 위험이 상존한다.

장로제도에서 목회권의 위기는 교회의 대형화 그 자체에서 온다. 대형화될수록 장로의 수가 많아져 장로의 권세가 강력해지고, 목사는 장로들 사이의, 그리고 장로들과의 인간관계를 목회의 본질처럼 치중하게 된다. 이를 막기 위한 안전장치가 중세교회의 잔재인 교구제도였다. 그러므로 장로교회에서는 교구제도가 무너질 때 장로교회 정체성에 위기가 초래된다.[35]

침례교회식 회중정치에서는 교회회원권(church membership) 그 자체를 교회정치의 근간으로 삼고 제도화를 최소한으로 하고자 한 것이다. 회중이 어떤 성도를 목사로 세울 때는 목사 자신뿐만 아니라 회중도 하나님으로부터의 소명과, 회중 전체의 동의에 의한다. 침례교

---

35. 대형교회의 출현, 대형화된 교회가 직접 선교사를 파송하고 학교를 설립 운용하고 사회복지 활동을 전개하는 현상이 나타나는 것도 사실상 교구제도가 무너지는 것이다.

회에서 목회권은 이 원리에 의해 보호를 받는다. 일단 목사가 세워지고 성경적 예배를 드리고 합당한 성경적 가르침을 전할 때 회중은 명실상부한 교회가 된다.

교회로서의 회중 안에는 항상 두 부류의 회원으로 구성된다. 가르치고 이끄는 자와 따르고 배우는 자이다. 집사직분은 사도들이 가르침에 치중하도록 여러 가지 일을 보좌하는 직분으로 존재한다. 목사와 집사, 이 두 직분은 회중을 섬기는 직분이지만 목사는 말씀을 가르쳐 행하게 하고 예배와 성례전을 집전하여 회중에게 은혜가 풍성하게 임하도록 섬긴다. 반면에 집사는 목사가 목회에 전념하도록 도움으로써, 목사의 목회활동의 일부분을 거들어줌으로써 회중을 섬긴다.

집사직분은 기본적으로는 일종의 기능직이며 보조직이다. 발생론적으로 그렇다. 엄밀한 회중제도에서는 집사를 목사와 같은 식의 항존직으로 볼 수 없다. 항존직이란 본래, 평생직을 가리키는 용어가 아니라 교회가 존재하는 한 반드시 존재해야 하는 직분을 의미한다. 다시 말하자면, 항존직이란 교회가 거기에 있다는 사실을 나타내는 가시적 징표의 하나인 셈이다.

장로교 헌법에서는 목사, 장로, 집사의 삼중직분을 인정하지만 목사와 장로 직분 이 둘만을 항존직으로 본다.[36] 집사직분을 정규직분이라고는 하지만 교회의 정체성에서 절대적이지는 않다. 진정으로 독립된 교회로 활동하기 위해서는 개별교회에 목사장로와 치리장로 이 두 직분자가 있어야 한다. 물론 이 두 직분자 모두 노회에 의해 세워졌어야 한다. 따라서 항존직의 차원에서 장로교회는, 교회 밖에서 세워진 목사와 장로, 두 직분제도라고 해야 옳다.

침례교회에서는 직분은 오로지 교회의 활동이라는 점에서 교회 밖에서 세우는 직분은 없다. 교회를 세우는 것이 하나님의 뜻임을 발견하였을 때 회중이 제일 먼저 하는 일은 목사를 세우는 것이다. 회중이 모일 수만 있으며 혹은, 목사를 세우는 것만으로도 충분히 교회가 된다는 점에서 침례교회는 단일 직분제도이다.

성경에서 교회를 하나님의 집, 하나님의 권속, 하나님의 가정으로 묘사하는 일이 많다는 점을 기억해야 한다. 이 비유를 엄밀하게 해석하고 적용한다면 목사를 "몽학선생"이라고 해야 할 것이다. 그 선생을 세우고 폐하는 것은 아버지 하나님의 뜻에 의한 것이지 자녀들 마음대로가 아니다.

좀 부적절한 면이 있기는 하지만, 목사와 성도의 관계를 영적 아버지와 영적 자녀의 관계로 비유하는 경우가 있는데 이 비유가 그런

---

36. "항존직"이란 교회가 교회되기 위해서 항상 있어야 하는 직분이라는 뜻인데 장로교회에서 목사장로와 치리장로를 항존직이라고 부르는 까닭은 개별회중에 반드시 이 두 직분자가 있어야 당회를 구성할 수 있고 당회를 구성해야 그 회중이 지교회(支敎會)가 되기 때문이다. 일정 기간 당회를 구성하지 못하면 "교회" 자격이 없어진다.

대로 잘 맞아떨어지는 것이 침례교회이다. 이 비유대로 설명하자면, 목사는 영적 아버지이고 성도들은 영적 자녀들이다. 집사는 장성한 자녀들인 셈이다. 위로는 아버지를 보필하며 아우들을 돌보는 위치에 있는 직분이다.

침례교회는 장로교회처럼 외적 직분에 의해 개별교회가 존재한다고 보지 않는다. 회중이 교회답기 위해서는 말씀과 이에 대해 순종하는 회중이 있으면 된다. 목사는 이 말씀을, 이 말씀을 위해, 그리고 말씀을 통해 섬기기 위해 존재한다.

회중 입장에서 보면, 교회가 존재하고 말씀에 근거한 예배를 드리고 말씀을 실천하는 삶을 살기 위해서는 목사는 본질적으로 존재해야 하지만 집사직분은 그처럼 결정적으로 필요한 직분이 아니다.

그렇다고 해서 집사를 하찮거나 열등한 직분으로 간주해도 괜찮다는 뜻은 아니다. 목회적 차원에서 집사만큼 소중한 직분도 없다. 목회의 성패는 목사의 마음을 알아주고 함께 해주는 탁월한 집사에 달려 있다고 해도 과언이 아니다. 또한 목사와 집사는 세워지는 선후관계와 권위의 차이는 있을지언정 계급적 차이가 있을 수 없다.

**직분은
계급이 아니다.**

침례교가 성경을 철저히 따르고 성경대로 하고자 하는 것만큼 침례교 정치제도에는 오묘한 점이 많다. 목사는 교회회원들이 하나님의 뜻을 발견하여 세우기 때문에 교회 안팎의 부당한 권위를 거부할 수 있다. 성경을 올바르게 가르치고 대변하고, 사무처리회로부터 위임을 받는 한, 교회 안에서도 독재에 가까운 권한을 가질 수 있으면서도 성경과 사무처리회의 권위와 그 결의에 복종해야만 하는 존재이다. 목사가 하나님 말씀을 올바르게 대변하는 한 집사는 단순히 보조자로 머무르면서도 집사는 사무처리회에서 목회와 목회정책에 대해 모든 말을 할 수 있다. 사무처리회의 결정에 따라 목사를 대신 할 수도 있다.

**회중주의에서는 사실상
항존직이 없다.**

침례교회에서 목사든 집사든 그 직분 자체에서가 아니라 성경과 교회 즉, 사무처리회에 의해 권위와 권한이 나온다. 또한 교회의 모든 직분은 그가 얼마나 성경적인지에 관해 사무처리회가 인정하는 만큼 권위를 갖는 것이 원칙이다. 명심해야할 것은 침례교회에서는 집사직을 비롯한 그 어떤 직분도 장로교회의 장로처럼 목사에 대한 견제를 목적으로 설치된 직분은 존재할 수 없다는 점이다. 사실, 그리스도인에게 있어서 성도라는 호칭과 지위만큼 영광된 것이 없고, 교회회원으로 불리는 것만큼 존귀한 호칭도 없다는 점을 기억해야 한다.

장로직제에 관하여 [37]

서리집사, 안수집사, 그 다음에 장로가 되는 구조라면 누가 뭐라고 변명해도 계급이다. 이런 직분이 필요에 따라 대등하게 나눠 맡을 뿐이라고 생각할 수 있는 사람은 몇이나 될까? 실질적 역할도 없이 호칭만으로 직분을 세우자는 것 역시 종교권력화로 나아가자는 말이다. 교회에 정말 필요한 것은 직분제도가 아니라 그 직분이 의미하는 것이다. 즉, 교회에서 말씀을 연구하고 준행하며 가르치는 자, 교회에서 일을 맡은 자, 교회에서 말씀과 일을 배우고 익혀 실천하는 자, 이 세 가지이다. 그리고 그 위에는 통괄하는 책임자가 필요한 것이 아니라 서로 사랑하며 의사소통하며 서로 맞춰주는 마음이다.

---

37. 이 글은 2008년 9월에 작성하였으나 침례신문에 실리지 않았다.

장로직제에 관하여

2직분제는 우리 규약의 첫 머리, 전문 및 규약사항보다도 앞에 나온다.[38] 이것은 수·개정을 위해서는 2/3 이상의 동의를 얻어야 한다는 뜻이다. 그러나 잊어서는 안 되는 것은 교회의 직분은 목사와 집사 즉, 말씀사역에 전적으로 헌신된 지도자와 목사의 감독 하에 실천을 이끄는 직분자, 둘 뿐이라는 것은 총회가 결정한 사항이 아니라 성경의 가르침이라는 사실이다. 우리가 만장일치로 결의해도 직분제에 관한 성경의 가르침을 바꿀 수 없다. 그러므로 장로직제 문제는 허용 여부가 아니라 평신도 장로직제를 채택하는 교회를 침례교회로 인정할 수 있느냐의 문제이다.

침례교회들 간의 교제에서 근본원리는 "개별교회의 독립성"과 "자유연합"이라는 두 축이다. 그런데 개별교회의 독립성을 개교회주의로 이해하는 한 설혹 "호칭"뿐인 장로라 할지라도 머잖아 장로주의 방식의 장로 혹은 그 보다 나쁜 장로주의로 전락할 위험은 불을 보듯 뻔하다.

"호칭장로" 혹은 "안수집사를 장로로 호칭하는 것일 뿐이다"라고

---

[38]. 2직분제란 교회의 정규직분 즉, 성경적으로 교회가 안수를 주어 세우는 공식적인 직분자는 목사와 집사 둘 뿐이라는 입장이다. 오늘날 한국 장로교회는 목사, 장로, 집사 이렇게 3직분을 인정한다.

말해도 문제의 본질을 피해갈 수 없다. 타 교파 장로를 만나 인사를 나눌 때 그쪽에서 자신을 "장로"라고 소개할 때 "저는 침례교인이기 때문에 장로가 아니라 호칭장로입니다"라고 말하겠는가? 그렇기 때문에 사실상 "평신도 장로직"의 허용문제라고 해야 옳다.

사실 개교회주의를 주장하면서 개별교회가 임의로 장로직을 세울 때 그 교회의 행위를 막을 도리가 없다. 17, 18세기 문헌증거에 따르면 어떤 교회가 이단적 교훈에 빠질지라도 그 교회에 간섭해서는 안 된다고 하였다. 다만, 그 교회를 침례교회들의 교제에서 축출할 수 있을 뿐이다.

그러므로 오늘날 우리 교단에 주어진 숙제는, "장로"에 대한 성경적 이해와 장로주의 체제에서의 "장로"에 대한 이해를 근본적으로 검토하고 침례교회 정체성을 확고히 유지할 수 있는 가이드라인 안에서 평신도 장로를 세울 수 있는 방안을 찾아야 하는 문제이다.

성경에서 나오는 장로는 두 가지 종류이다. 교회의 직분으로서의 "장로"와, 직분이 아니라 "노인" 혹은 집안의 연장자를 가리키는 호칭으로서의 "장로"이다. 전자 즉, 교회직분으로서의 장로는 목사, 감독과 동의이이다. 후자를 속칭 평신도 장로라고 할 수 있는데, 이 또한 성경에서 발견되는 사례이다. 당연히 옛 침례교인회엔 평신도 장로에 해당하는 자들이 존재하였다.

구약의 장로와
신약의 장로는 다른 것이다.

오늘날 우리가 아는 (장로교) 직제로서의 장로는 16세기 스코틀랜드 종교개혁 지도자인 앤드류 멜빌이 창안해 낸 장로정치제도의 산물이다. 멜빌과 스코틀랜드 교회개혁가들은 성경적 교회제도로의 복귀를 충분히 이뤄내지 못하고 당대의 필요성 때문에 새로운 제도를 만들어냈던 것이다. 그러므로 우리가 흔히 듣는, 타 교파교단이 세우는 직분으로서의 장로와 "연로한 신앙인"을 가리키는 장로를 명확히 구분할 수 있도록 하지 않으면 안 된다.

흔히 "호칭장로"라고 칭하고 "당회"를 구성하지 않으면 된다고 생각하는데 이는 그렇지 않다. 감리교회의 장로는 호칭장로와 사실상 비슷하고 당회가 아니라 기획위원회를 구성한다. 이 기획위원회에는 경우에 따라 권사·집사도 들어간다. 감리교회의 제도는 차라리 우리와 비슷하다. 그렇다고 우리는 감리교회와 동질감을 느끼지도 않고 감리교회 제도가 우리보다 성경적이라고 생각하지도 않는다. 결정권을 가지지만 않으면 된다고 생각하는데 이 또한 애매한 말이다. 운영위원회나 제직회를 당회처럼 운영해버리면?

나 개인적으로는 평신도 장로 세우는 것에는 반대하지만 우리 교단 전체적으로 볼 때 평신도 장로직을 대승적 견지에서 허용하자는 쪽이다. 타 교파에서 장로직분을 가졌던 사람들이 우리 교파로 넘어

올 때 부담감을 적게 가지거나, 우리 평신도 지도자들이 범교단적 연합사업을 할 때 위축되지 않도록 하기 위해서 "호칭"이나마 장로라고 불러주는 것이 좋다는 생각 때문은 아니다. 넘어오기보다는 넘어가기가 쉬워질 뿐이다. 타 교파 쪽에는 침례교회의 교회론을 잘 가르쳐주면 된다.

평신도 장로직제를 허용하자는 것은 우선, 개별교회의 독립성이라는 원칙 때문이다. 개별교회가 필요에 의해서 어떤 결정을 내리거나 직분을 세울 때 그 자체에 관해 총회에서 혹은 다른 교회들이 시비를 거는 것은 옳지 않다. 오류이긴 하지만 시시비비를 따질 정도로 심각한 (이단)문제가 아니기 때문이다. 게다가 그런 전례를 남겨도 안 되고 그런 법규도 만들어서는 안 된다.

> 장로직제는 오류(誤謬)의 문제이지
> 이단문제가 아니기 때문에 개별교회의 독립성에 맡겨놓으면 된다.

찬성하는 또 한 가지 이유는, 한국교회의 갱신·개혁을 고민하는 운동가들이 마지막 대안으로 회중주의, 그중에서도 침례교회 정치제도에 큰 관심을 가지고 있고 우리만이 그에 대한 답을 줄 수 있기 때문이다. 성경이 2직분제를 명확히 가르치고 있기에 타 교파에서 침례교식 회중주의정치제도를 받아들여야 옳은데, 이때 그들의 장로직분이 큰 걸림돌이 된다. 그러므로 침례교 정체성을 조금도 훼손하지 않는 상태에서 평신도 장로직을 수용하는 방식을 찾아내 명확히 보여줄 책임이 우리에게 있다. 그렇게 하기 위해서 염두에 두어야 할 사항 몇 가지를 약술해 보겠다.

첫째, 총회는 2직분제 즉, 평신도 장로직제가 없는 것이 성경적임을 규약과 여러 문서에서 더욱 명확히 천명해야 한다. 그렇게 해서, 끝까지 2직분제를 주창하는 분들이 어리석은 고집불통으로 비춰지지 않도록 해야 하고, 평신도 장로직을 거부하는 교회와 지방회는 자부심을 가질 수 있도록 보장해주어야 한다.

둘째, 총회 차원에서는 해명서를 채택해야지 시행세칙을 정해서는 안 된다. 시행세칙을 정하는 것은 상부기관이 하부기관 혹은 구성원들을 효과적으로 통제하기 위해 만드는 경우가 대부분인데 따라서 오해가 빚어질 수 있기 때문이다. 총회에서 시행세칙을 마련하면 이를 근거로 목회자를 압박할 때 거부할 수 없게 되기 십상이다.

셋째, 교회직분은 개별교회의 문제이지만 평신도 장로직제를 두는 교회를 회원으로 받아들일지 말지를 결정하는 것은 총회뿐만 아니라 지방회의 문제이기도 하다. 지방회 회원교회들이 장로직제를 받아들인 교회를 포용하지 않기로 하면 그 교회는 다른 (허용하는) 지방회로 전출해야 한다. 따라서 평신도 장로직에 관한 규정은 지방회 회칙으로 존재해야 하고, 총회는 지방회가 규정을 다듬을 때 침례교 정체성을 상실하지 않도록 도와주는 역할을 해야 한다.

넷째, 역사적으로 침례교회의 장로는 "말씀사역자"를 가리키는 명예로운 호칭이었다. 교회로부터 말씀사역자로 세움을 받은 자가 아니라, 단지 "나이든 성도가 오랫동안 보여준 신앙적 충성과 정절을 기려" 장로라고 부르자는 생각이 호칭장로를 찬성하는 쪽의 생각이라면, 안수 집사가 된 지 몇 년 후에, 혹은 교인 몇 명에 한 명꼴로 세우는 방안은 받아들일 수 없는 방식이다. 가급적이면 안수 집사로서의 시무를 마치고 은퇴한 집사 혹은 안수집사가 아니었지만 신앙의 귀감으로 삼을 만한 연로한 성도에게, 성도들이 부여하는 호칭이어야 한다.

다섯째, 평신도 장로의 임면에 총회는 어떤 식으로든 간섭해서는 안 된다. 총회에 일괄규정을 두어서도 안 된다. 지방회는 장로 시취를 행해서도 안 된다. 교회는 장로 안수식을 해서도 안 된다. 새로운 직분을 부여하는 것이 아니라 명예로운 호칭을 부여하는 것이기 때문이다.

여섯째, 교회·지방회·총회 규약에서 회중주의를 "민주정체"라고 규정한 조항을 삭제해야 한다. 민주정체는 실제로는 다수결로 의사결정을 한다는 뜻이며, 다수 의견이 진리로 간주될 수 있다는 뜻이다. 물론 교회 의사결정은 다수결로, 가능하면 2/3나 3/4로 결의되어야 마땅하다. 하지만 회중주의에서 이것은 성경에 입각한 설복과 동의에 의해 절대 다수가 합심하게 된 결과여야 하고, 그리고 그 결의를 합력하여 실행할 준비가 되었다는 것을 확인하는 숫자라는 점에서 의미가 있다.

그런 의미에서 회중주의는 회의주의(會議主義)이다. 반면에 절대 다수의 교인들이 결의하였더라도 목사는 성경에 의거하여 혼자서라도 그 결의를 중지, 무효화할 수 있음을 명확히 천명해주어, 목사의 목회권을 독재적 수준으로까지 확보해주어야 한다. 그리스도께서 교회의 주권자이시며 회중주의 원리가 성경에 부합한 것이기 때문이다.

25 사목처리회: 최종의결기관

교회란 개인들이 양심과 신앙의 자유에 입각하여 자발적으로 결합한 연합체이다. 우리는 강제로 교회에 출석하지 않고 억지로 어떤 교회에 배정받지도 않았다. 교회에 출석하지 않으면 불이익을 당한다거나 벌금을 내지도 않는다. 그러므로 신앙인으로서 우리가 짊어져야 할 의무란 우리의 자발적 선택에 의한 것이다. 우리가 자발적으로 합의한 결의만이 우리의 책임이 되어야 한다. 그러므로 외부의 간섭과 외부 기관이 개입하여 교회 결정을 대신하거나 교회 결정에 영향을 미친다는 것은 시대착오적이다. '회중주의는 개교회주의다' 라는 말은 여기에서 나왔다. 그만큼 근본적인 중요성을 갖는 원칙이다. 교회개혁은 개별교회의 결정 위에 상부 재판기관을 설치한 정치구조, 그 시대착오적 피라미드 구조를 혁파하는 것에 있다.

사무처리회와 규약

(08.05.09)

정체성을 생각하고 지킨다는 것은 우리가 교회를 얼마나 많이 세웠느냐가 아니라 어떤 교회를 세우고 어떻게 운용해야 하느냐를 생각한다는 뜻이다.

정체성을 주장한다는 것은 우리 뒤에 무엇을 남겨야 하는 가를 생각하고, 그 남긴 것으로 인해 지속적으로 하나님께 최상의 영광을 돌려드릴 수 있게 하는 것은 무엇이냐는 문제로 고민한다는 뜻이다.

정체성이란 하나님께서 성경을 통해 우리에게 주신 명령을, 우리뿐만 아니라 다른 사람들과 후손들도 순전하게 지킬 수 있도록 해줄 수 있는 교회시스템을 어떻게 세우느냐는 고민이다.

이런 고민이 녹아든 것이 개신교 교회론이고 누가 어디에서 성경을 얼마나 깊이 이해했느냐에 따라 교파가 달라졌다. 각 교파 교회에서 사용하는 용어는 그 역사와 전통이 깊을수록 그 교회론이 깊게 배인 것이기 때문에 어줍잖게 차용해서는 안 된다.

> 교회론의 미세한 차이는
> 결코 사소한 것이 아니다.

우리는 우리 총회규약을 장로교회의 경우처럼 헌법(憲法)이라고 부르지 않는다. 우리 규약은 장로교단의 헌법처럼 신자들의 모임이 교회가 되기 위해서 그리고 교회로서의 기능과 권한을 갖추기 위해서 필요한 요건들을 규정하지 않고 있다.

이것은 결코 단순하거나 우연적인 사건이 아니다. 침례교회도 장로교회처럼 개별교회가 있고, 여러 개별교회들이 모인 지방회, 전체 지방회가 모여 총회를 구성한다. 분명 단일한 개별교회 회중보다도 많은 수의 개별교회들의 합의가 훨씬 더 크고 안정적인 권위를 주장할 수 있다. 전체 교회들의 대표자들을 통한 총의(總意)는 훨씬 더 권위 있고, 안정적일 수 있다는 것은 지극히 당연한 측면이 있다.

그래서 장로제도나 감독제도에서는 집합된 규모에 따라, 개별교회 위에 개별교회를 통제하고 관리·감독하는 기관을 설치한다. 그 상급기관들이 어떤 신자들의 모임을 교회인지 아닌지 판단하고 교회로서의 권한과 지위를 부여한다. 그래서 장로교회의 헌법이나 감리교회의 교리와 장정 등의 문헌에는 개별교회의 조직 요건들을 규정하고 있다. 심지어 직분자들을 세우는 기준과 방법들을 세세히 규정하고 있다.

이것을 제도주의적 교회관이라 간주할 수 있고 교황주의의 잔재라는 점에서 비성경적일 수 있다. 비성경적이라는 비판을 피하기 위해 자신들의 교회관이 회중주의라고 주장하고 "교회 위에 교회 없다"라고 천명하지만 진정한 의미에서의 회중주의가 되려면 헌법에서 개교회의 형상에 관한 조항들을 삭제해야 한다.

회중을 지배하는 것은 하나님의 말씀인 66권 성경뿐이어야 한다. "오직 말씀"이라는 사상을 교회제도로 즉, 가시적 교회로 옮긴 것을 회중주의라고 한다.

신자들이 모여 교회를 이루고자 할 때 그 근본 출발점은 "함께 교회를 이루라", "함께 그리스도의 멍에를 짊어지라"는 소명을 발견하고 순종하기로 마음과 뜻과 생각과 힘을 모으는 것이다. 그것은 하나님을 향한 자발적 순종이기에 타 기관이나 타 교회로부터 도움은 받아도 간섭받지 말아야 하고 관리·감독받을 이유가 없다. 교회를 교회되게 할 수 있는 것은 하나님의 뜻으로 충분하다.

그 개별교회를 구성하는 정상적이고 합법적인 교인들의 전체 모임 즉, 교인총회(敎人總會)를 우리는 "사무처리회"라고 부른다. 장로교회에서는 공동의회(公同議會)라고 부른다. 그러나 단지 명칭만 다른 것이 아니다. 그 근본철학의 다름을 명칭으로 드러냈다. 공통점이 있다면 개별교회 내에서의 "최종의사결정기관"이라는 점이다.

장로교회에서는 정상적인 개별교회에는 두 개의 내부기관이 중요하다. 교인총회인 공동의회와 당회(堂會)이다. 본래 의회는 입법부를 가리키고 입법부에서 법을 만들면 행정부가 그 법을 집행한다. 그런 점에서 장로교회에서는 교인총회는 입법부이고, 노회에 의해 선택된 엘리트로 구성된 당회가 집행부가 되는 구조이다. 노회는 상급 입법부이고 총회는 최상급 입법부인 셈이다. 개별교회의 당회가 집행부라면 노회 의장단과 임원들은 상급 행정부이고 총회 임원은 최상위 입법부인 셈이다. 그런 점에서 장로제도는 계급제도를 완전히 탈피하지 못하였다.

침례교회 교회론은 입법부의 존재를 인정하지 않으며 입법부와 행정부로 구분하지도 않는다. 교회는 하나님의 부르심을 들은 이스라엘 자녀들의 총회이며 그리스도의 몸이다. 그리스도를 통하여 전달된 하나님의 뜻이 곧 법이다. 여호와의 총회 즉, 개별교회로 모인 거룩한 자들은 하나님의 뜻을 어떻게 이룰 것인가를 함께 고민하는 것이 중요하다.

침례교회에서는 개별교회 위에 교회가 없고 개별교회만이 유일한 교회이기 때문에, 개별교회 사무처리회는 의사결정에 있어서 명실상부한 최종적이며 유일한 의사결정기관이다.

> 사무처리회는 그리스도의 멍에를 짊어지기 위한
> 회중의 의무이고, 진정한 교회의 또 다른 측면이다.

사무처리회는 입법기관이 아니다. 지금 무엇을 해야 하며 무엇을 준비해야 하나님께서 기뻐하시는가를 모색하는 기관이다. 사무처리회는 예·결산을 통과시켜 교회재정을 사용할 수 있도록 해주는 것이 최고의 존재목적이 아니다. 하나님이 주신 물질을 어떻게 사용하였는가를 반성하고 물질과 그 물질을 사용하는 봉사자들을 통해 하나님께 무엇을 어떻게 드려야 옳은가를 반성하는 집단지성체이다.

침례교회의 사무처리회와 장로교회의 공동의회를, 직접 민주주의와 간접민주주의 방식이라고 설명하는 경우가 많은데 오해의 여지가 많은 설명방식이다. 어떤 경우든 민주주의란 사람들의 의사(意思)가 본질적인 것이며 다수의 의사가 선(善)이라는 전제를 취한다는 점에서 결코 교회의 정치방식이 아니다. 교회의 방식은 오직 하나님 말씀이며, 그 말씀에 대한 올바른 해석이 선(善)이 되는 방식이다. 종종 올바른 해석이 아니라 그릇된 해석이 선이 되는 경우가 있는데 이것이 종교적 부패이며 종교적 부패가 나타났다는 점에서 교회의 실패이다.

침례교회가 직접 민주주의 정치방식을 사용하는 것은 교회 즉, 총회는 하나님의 부르심에 의해 소집된 모임이기 때문이다. 하나님이 부르셨는데 직접 응하지 않고 다른 사람을 대리로 보낸다는 것이 어불성설이기 때문이다.

교회가 그리스도의 멍에를 짊어지기 위해 모여, 한 몸을 이룬 연합체이기 때문에 사무처리회는 주권적 의사결정체라고 할 수 없다. 다시 말하자면, 사무처리회가 교회의 주인이라는 관점도 올바른 관점이 아니다. 사무처리회의 결정을 주인의 결정이라는 관점에서 보지 말고 주인의 뜻에 부응하기 위해 책무를 감당하기로 한 종속적 관점에서 보아야 한다.

그러므로 사무처리회는 모든 교인이 한 자리에 모여 직접 논의에 참가하여 오해의 여지를 최소화하고, 아무도 핑계될 수 없도록 하고, 모든 교인이 자신이 감당해야할 책무를 깨달아 자발적으로 헌신하도록 하기 위해서 모이는 것이다. 여기에서 언급된 "자발성"이란 것은 '자신에게 관련된 사안은 직접 들어보고 이해를 구하고 함께 논의하여 결정하고 모두 책임져야 한다' 는 회중주의 원리를 적절하게 구현하지 않으면 얻기 어려운 자발성이다.

사무처리회에 임하는 것은 하나님의 부르심에 의한 것이며 하나님 앞에 서는 것이기 때문에, 성도는 자신의 직분을 앞세워서는 안 된다. 사무처리회에 임해서는 모든 직분자가 평등하다. 성도가 사무처리회에서 앞세울 수 있는 것은 하나님의 말씀에 입각한 것뿐이다. 말씀의 올바른 해석만이 권위를 가져야 한다.

사무처리회는 교인총회가, 당해년도 사역을 결산하고 다음 해 사역을 위해 가시화된 총회로서, 사람이 아니라 하나님을 위한 것이다. 모두 모여 하나님을 위한 결실, 수확을 셈하는 자리이다. 하나님께 마땅히 드려야할 것을 드렸는가 아니면, 하나님의 것을 도적질하였는지에 관한 양심적, 비판적, 반성적 고찰이 우선적으로 드러나야 한다.

사무처리회는 하나님 때문에, 하나님을 위하여, 교회의 존재목적을 이루기 위해 모이는 것이기 때문이다.

사무처리회와 규약

자발적으로 연합한 공동체는 외부에서 획일적으로 부여한 법이 아니라 그 회중이 자발적으로 합의한 '약속'에 의해 움직여져야 마땅하다. '약속'이 헌법이며 규칙이지만 필요에 따라 기꺼이 합의하여 조정할 수 있다. 가정교회만이 진짜 교회는 아니지만 교회는 '가정'이지 '회사'(business company)나 사회단체가 아니다. 외부로부터 주어지는 법에 의해 통제될 때 진정한 종교성은 찾기 어렵다. 자발적인 신앙으로 모였다면 자발적 신앙으로 모든 일을 처리할 수 있어야 한다. 신앙의 양심에 새겨진 하나님의 법이 모든 행습(行習)에 미쳐야 한다. 효율성을 위해 자발성을 희생한다면 교회는 본연의 교회다움을 잃기 시작한 것이다.

사무처리회와 규약

(08.05.23)

지난 회에서 편의상, 침례교회의 사무처리회와 장로교회의 공동의회가 유사한 기관이라고 설명했다. 개별교회의 교회회원총회라는 점에서, 그리고 개별교회의 최종의사결정기관이라는 점에서 양자는 유사하다. 그러나 장로교회는 상급기관이 하급기관을 헌법에 의해 통치한다는 특징을 갖고 있다. 그러므로 장로교회의 공동의회는 장로교 헌법에 의해 규정되고 설치되며 그 권위가 보장된 기관이다.

물론 역사적으로 볼 때 침례교회에도 헌법이 있다. 그러나 장로교회와는 달리 교파 혹은 교단 전체를 통제하는 근간으로서의 헌법이 아니라 개별교회가 자신을 통제하는 즉, 지금 우리가 개교회의 규약이라고 지칭하는 것을 헌법이라고 했었다.

침례교회 회중주의는 근본적으로 개별교회 외부로부터의 통제와 법적 제도화라는 것을 거부하는 원리이기 때문에 헌법이니 헌장이니 하는 용어들을 좋아하지 않는다. 그렇기 때문에 사무처리회는 지방회나 총회가 규정한 설치규정에 입각하여, 의무적으로 만들어지는 기관이 아니다.

사무처리회는 법이 정한 기관이기 때문에 권위를 갖는 것이 아니다. 사무처리회는 그 교회회원들이 전체 의사를 반영하여 책임 있는 결정을 내렸기 때문에 권위가 있다. 이 때문에 사무처리회 결정은 모든 것을 외부의 간섭 없이 자유로이 결정할 수 있다. 하지만 두 가지 선만큼은 결코 넘어서면 안 된다.

그 첫 번째 선은 성경의 가르침이다. 회중 즉, 교회가 존재하는 목적은 하나님 나라의 확장과 하나님의 영광이다. 복을 받기 위해, 소위 잘나가는 교회에 모인 사람들은 엄밀하게 말해서 복음적 회중이 아니다. 회중은 그리스도의 몸 된 교회를 이루고 하나님의 말씀대로 살아내며 하나님의 일을 하기 위해 존재한다. 신자 개인이 아니라 회중의 일원으로 존재하기 위해서는 그 회중과 더불어 "그리스도의 멍에"를 짊어지겠다는 의사가 근본적으로 전제되어야 한다. 그러므로 성경의 가르침, 복음의 정신을 알고서도 어기거나 영적 무지를 괴로워하지 않는 것은 회중으로서의 기본자격을 상실한 것이다.

> **사무처리회는**
> **성경의 가르침을 넘어설 수 없다.**

결코 넘어서면 안 되는 두 번째 선은 회중의 의사이다. 회중이 어떤 일을 계획하고 결정하는 하나하나는 자신의 정신과 정체성, 문화를 드러낸다. 지속시켜야할 정신, 중요한 의사결정 과정, 원리 따위들을 모아 규칙 혹은 규약이라고 한다.

> **사무처리회는**
> **회중의 의사를 넘어설 수 없다.**

그렇다면 규약은 회중의 족적(足跡)이며 과거의 자취이다. 회중이 오늘 과거의 족적을 중시하며 과거의 방식대로 움직이는 것은 규약이 회중을 당연히 구속하기 때문이 아니라 오늘 회중이 규약대로 움직이는 것이 편리하기 때문이다. 규약이 회중을 낳는 것이 아니다. 말씀과 성령이 회중을 낳고 양육하고, 회중이 규약을 만든다. 전통이 말씀과 성령을 억압해서는 안 되듯이 규약은 회중을 억압해서는 안 된다.

**법 때문에 교회가
하나님의 일을 못해서는 안 된다.**

총회와 지방회가 개별교회를 관리·감독·통제할 수 없는 것도 마찬가지 이치이다. 장로교회 정치체제에서는 총회가 노회를 낳고 노회가 회중을 낳는다. 그래서 상급기관은 하급기관을 다스릴 수 있다. 그러나 침례교회는 말씀과 성령이 회중을 낳고, 각 회중은 말씀과 성령을 따라 하나님 앞에 선다. 회중들이 모여 지방회를 이루고 총회를 이룬다. 그래서 회중들은 대표자들을 파송하여 총회와 사업을 관리·감독하고 다스린다.

지상성도가 영적 원리를 역행하여 육적 원리를 따를 때 하나님께 죄를 짓는다. 회중도 넘어서면 안 되는 선을 넘을 수 있고, 지방회와 총회도 말씀과 성령의 인도를 따르지 않거나 다른 길로 갈 수 있다. 갈 수 있어서 갔을지라도 그것은 죄악이며 부패이다.

침례교회가 침례교회식 회중주의를 취하는 것은 그것이 성경적 교회를 이루기 위한, 우리에게 알려진 최선의 방안이기 때문이다. 그렇다면 침례교인이 침례교회적 정체성을 훼손하거나 역행하는 것은 하나님 앞에서 짓는 죄악이며 부패이다. 오늘날 침례교회가 침례교회다워지고 침례교회가 본 받을만한 교회체제라는 것을 실증해주는 것이 우리의 종교개혁이라고 할 수 있다.

침례교 원리에서 사무처리회는 법에 입각한 제도적 기관이 아니라 그리스도의 멍에를 함께 짊어진 회중이 자신들에게 부여된 하나님의 뜻을 발견하고 하나님의 일을 성취하기 위해 마음을 모으기 위한, 총회라는 점에서 볼 때 사무처리회를 움직이는 것은 규약이 아니라 결국 회중의 믿음이다.

그렇다면 교회규약이 없다는 것은 미흡한 것이 아니라 오히려 자연스러운 일이며 초대교회에 가까운 모습이다. 성경에서는 교회를 사업체가 아니라 가정, 하나님의 가정이라고 한다. 외부인사가 정교한 법에 의해 통치하는 가정은 정상적인 가정이 아니며, 결코 성경적이지 않다. 따라서 어떤 사안에 대해 교회규약이 없다고 해서 총회나 지방회가 개별교회를 간섭할 수 있다고 주장하는 것은 전혀 침례교회적이지 않다.

또한 사무처리회의 연속성은 사무처리회 의장의 정당한 인수인계나 회의록에 의해 보장되는 것이 아니라 회중 그 자체에 의해 연속성이 보장된다. 예를 들면, 사무처리회 회장인 담임목사가 자신의 신상문제를 처리하지 않기 위하여 교회규약에 소집권자는 유일하게 사무처리회 의장이라는 규정에 근거하여, 회중의 의사에 반하여 오랫동안 사무처리회를 열지 않는 것 역시 침례교회 정신에 어긋나는 일이다.

이런 경우 말씀에 어긋나지 않는 한, 회중들이 자체적으로 사무처리회를 소집하여 새로 사무처리회 의장을 선출하여 안건을 처결하는 것이, 그렇게 하여 교회의 목적을 회복하는 것이, 오히려 침례교회의 원리에 부합한다고 볼 수 있다. 이 원리는 물론 담임목사에게는 손해인 듯하다. 하지만 회중주의 원리가 본래 그렇다는 점을 명심해야 한다.

감리교회는 본래 감독정체를 취한다. 교회의 교회다움을 좌우하는 근본원리가 감독(bishop)에게 있다. 즉, 감독주의는 회중의 외부에 있는 감독이 회중을 관리·감독하는 방식이다. 따라서 교회의 모든 결정은 감독이 보증해야 효력이 있고, 감독이나 감독의 대리자인 담임목사가 없는 회의나 결정은 무효가 된다.

장로교회가 취하고 있는 장로정체는 노회가 인정한 장로들이 법에 따라 통치하는 방식이다. 공화정체라고 할 수 있는데 법과 절차에 따르지 않으면 무효가 된다.

감독정체나 장로정체나 공통점이 있는데 회중은 회중 외부에 있는 권위체에 의해 통치를 받고 구속받는다는 점이다. 여기에 대립된 정치체제가 회중주의이다. 회중주의는 회중은 오직 그 회중에 의해서만 통치되며 외부로부터의 독립성이 보장되어야 한다는 입장이다. 목사의 권위를 반대하거나 무시해도 좋거나 목사를 배제한 채 평신도가 교회를 주도하는 방식을 가리키는 것이 아니다. 목사도 회중의 일부이며 회중의 내부에서 회중을 이끌 때 참다운 의미가 있는 직분이라는 취지가 회중주의이다.

**내면에
심겨진 법도가 진정한 규칙이다.**

침례교회에서는 법은 법이기 때문에, 회중을 지배하는 권위가 있기 때문에 지키는 것이 아니라 약속이기 때문에 지킨다. 침례교회에서는, 회중이 만든 법이 회중을 통제하는 것이 항상 선이 아님을 안다. 회중이 규칙을 만들고 사용하며 폐지한다. 사람들이 최선을 다했어도 역시 사람의 최선에 불과하다. 선한 의도로 법을 만들고 의도하였어도 선한 결과가 나오지 않는 경우가 많다. 법과 제도도 중요하고 질서도 중요하고 선한 의도도 중요하고 과정도 중요하다. 하지만 주님께서 합당한 열매를 보이라고 요구하셨다. 결과지향적 판단을 중시해야 한다는 뜻이다.

27 회중 주의 법정신

성경은 하나님에 대한 경외심, 하나님을 향한 경건으로 충만한 믿음과 믿음생활을 요구한다. 그리스도의 복음이 율법을 성취하였지만 율법은 단 하나라도 폐기되지 않았다. 따라서 존중해야 마땅한 규례임에는 틀림없지만 율법주의를 경계하는 것은 문자로 된 규정에 매몰되어 복음의 정신을 상실할 위험 때문이다. 하물며 교회전통을 명문화한, 획일화하여 교단의 권위로 부여하는 조항들을 신앙의 양심 위에 얹어 올려놓는 것은 비약 효율성의 문제로만 치부한다는 것은 심각한 잘못이다. 신앙과 양심의 세계에서, 하나님을 섬기는 교회에서 양심을 구속할 외적 법령이라는 것은 양심이 자발적으로 동의하지 않는 한 의미를 가져서는 안 된다. 회중의 신앙생활에 관계가 없으나 목회자의 권익을 보호한다는 이유로 법체계를 회중에게 부여한다는 것이 어떤 의미가 있는지 다시 생각해 볼 일이다.

침례교인의 법정신: 무법(無法)의 법

(08.06.06)

앞의 글에서는 사무처리회와 규약에 관해 다뤘다. 규약에서 명확히 해야 할 중요한 사항은 교회재산 관리, 직제를 포함한 의사결정방식, 담임목사에 관한 사항들일 것이다. 이러한 사항들을 다루기 전에 정체성 현안과 관련하여, 침례교인의 법정신에 관해 좀 더 다룰 필요가 있다.

침례교회의 정체성에 관한 과거의 논란은 교단차원에서 장로직제를 호칭으로나마 허용할 것인지 말 것인지에 관한 것이었다. 지난 연말부터 지금까지의 문제는 개별교회의 담임목사 임명권이 개교회에 있느냐를 중심으로 한 것이었다.

총회총무가 지난 해(2007년) 8월에 법원에 보낸 문서를 통해서는 지방회와 총회는 각각 개별교회에 대해 상급 및 차상급 기관이며 교단 행정이란 개별교회를 관리·감독하는 것이라는 입장이었다. 이 주장이 문제가 되자 개별교회의 정관(규약)에 명시되지 않은 경우 혹은 교회 외부의 기관에 그 권한을 위임한 경우에는 간섭할 수 있다는 입장으로 물러섰다. 그렇더라도 이 입장 역시 전혀 침례교적이지 않다.

정체성 문제를 둘러싼 일련의 논쟁들은 그 핵심에 법철학이라고도 할 수 있는 그런 것이 놓여 있다. 예를 들면, 총회장 입후보자의 자격요건에 명문화된 "30년 무흠" 규정이라든지, 총무해임에 관한 명문화된 규정이 없음에도 해임을 강행한 3월 임시총회 결의라든지, 임시총회 개최금지 가처분 결정이 내려진 상황에서 총무보선을 위한 임시총회를 개최하는 문제들, 이런 문제들의 핵심에 법철학이 놓여 있고 침례교정신이 무엇이냐는 질문을 던지게 한다.

법이나 규정은 반드시 지켜야 한다. 사람들 간의 약속이기 때문에 지켜야 하고 지키는 것이 좋은 결과를 낳기 때문에 지켜야 한다. 세상에서는 이 정도 진술로도 충분할 것이다. 그래서 하는 말이 "법은 지키자고 만든 것이다"라는 말이다. 이 입장을 강화하면 "악법도 법이다"가 된다.

여기에서 침례교인들은 한 가지 요소를 더 고려한다. 궁극적으로, 한 개인의 행동을 구속할 수 있는 것은 그 자신의 양심뿐이며, 그 양심에 자극을 줄 수 있는 유일하게 참된 권위는 하나님 말씀뿐이다. 여기에서 나오는 원리가 "양심의 자유"이다. 우리 앞에 놓은 문제는 "법은 지키자고 만든 것이다"라는 원리와 양심의 자유 원리를 어떻게 조합하고 적용하느냐에 있다고 볼 수 있다.

**법을 다 지킨다고 해서
양심이 자유로워지는 것은 아니다. 신앙은 그 이상의 것을 요구한다.**

잘 알려진 최근의 실례를 하나 들자. 세부사항의 복잡성이나 적절성 여부를 떠나 대략적인 개요만 따져보면 이렇다. Y 지방회에, Y라는 교회가 있(었)다. 신자는 7명이었는데 오래 전에 선교사들이 구입하여 유지재단에 가입한 교회였다. 신도시 개발로 교회가 수용되면서 그 신도시 내에 교회를 지을 수도 없고 은퇴해야할 담임목회자 은퇴비도 지급할 수도 없고 신임 목회자를 청빙하여 적절한 사례비를 지급할 능력도 없었다.

어찌어찌 해서, 은퇴할 목사는 재단이사회에 해결을 건의하셨고, 재단이사회는 보상금의 절반을 총회에서 부채를 갚는데 사용하도록 하고 그 나머지를 목사님의 은퇴비로 사용하도록 결정하였다. 그래서 그대로 집행했다.

일단 여기에서는 시시비비를 따지지 말자. 7명의 신자에게 그 교회가 어떤 의미가 있었느냐도 묻지 말자. 다만 우리가 고려해야할 점은, 신자들을 제외하고 이 교회의 청산에 관련된 사람들이 개인적으로는 법적 하자가 없을 수 있다는 점이다. 목사는 독단을 행하거나 배임·횡령을 저지르지 않았다. 이사회에 의뢰했고 그 처결에 따랐다. 이사회는 청산에 관련된 나름대로의 규정에 따랐다. 총회도 이사회의 결의대로 2억원의 돈을 받아다 부채를 정리하였다.

모든 과정에 범법이 없었다고 가정해보자. 법적으로 문제가 없으면 아무도 어찌할 수 없다. 그것이 세상 법칙이다. 게다가 우리 규약에는 총회나 유지재단이 교회를 세워야 한다는 규정도 없다.

침례교인들이 법을 맹신하지 않는 것은 법에는 맹점이 많다는 사실을 너무나 잘 알기 때문이다. 방금 위에서 예로든 사실에서는, 유지재단의 규정대로 했는데 교회수가 적어졌고 교회 땅이 없어졌다. 이 결과를 과연 누가 책임져야 하는가? 누가 피해자인가? 단지 그 교회 교인들만이 피해자라고 생각해서는 안 된다. 총회규약과 유지재단 정관을 통해 그런 결과가 빚어졌다면 우리 모두의 책임이며 우리 모두가 피해자임을 깨달아야 한다. 왜? 무시하든 존중하든 우리의 법이니까?

우리의 양심은 성경의 명확한 가르침을 알고 있고 교회와 교단의 존재목적이 무엇인지를 알고 있다. 비록 총회규약과 유지재단정관에는 없어도, 영혼구원과 교회세우기는 하나님을 영화롭게 하는 가장 근본적인 일이라고 성경이 명확하게 가르치고 있다.

우리는 세상질서 속에서, 세상 사람들과 함께 살고 있기 때문에 세상 법을 철저히 지켜야 한다. 교통법규를 비롯한 각종 사회규범이 그렇다. 그러나 우리를 하나님 앞에 세우기 위한 양심의 활동이나 교회를 교회답게 하는 데 있어서 성경의 가르침과 세상 법이 충돌할 때 침례교인들은 많은 불이익과 탄압을 감수하면서 양심의 자유와 정교분리의 정신을 주장하였다.

> 양심에 새겨진 하나님의 법은
> 세상의 그 어떤 법보다 무겁다.

결론적으로 말해서, 성도들이 하나님의 뜻에 따라, 하나님의 말씀으로, 그리스도의 살과 피 위에 교회를 세웠다면, 사무처리회라는 이름이 없어도 사무처리회가 존재하는 것이며 규약을 만들지 않았어도 규약이 존재하는 셈이다. 성경적인 예배와 성례전이 이뤄지고, 성도가 더욱 굳건하게 세워지고, 하나님을 영화롭게하는 교회가 이뤄지고 있다면 규약은 성취되고 있는 것이다. 그런 결과가 빚어지지 않는다면 아무리 훌륭한 규정을 갖추고 있고 어떤 범법도 없을지라도, 그래도 잘못된 것이다.

우리가 고려해야할 또 하나의 요소가 있다. "규정된 규정"과, "규정되지 않은 규정" 이 두 가지를 모두 읽어내야 한다는 점이다. 내가 볼 때, 성숙한 침례교인일수록 법의 항목을 줄이고 법을 허술하게 만든다.[39] 규정이 없거나 허술할수록 "합의"를 도출하기 위한 과정이 필요하다. 교회의 합의는 성경에 대한 더 많은 고찰과 숙고 그리고 토론을 요청한다.

반대로, 규약규정이 세밀하고 철저할수록 합의도출은 외면되고 "법대로 합시다"라는 외침은 그 자체로 무소불위의 힘을 갖는다. 규정되지 않은 안건을 처리하는데는 대개 과반수로 통과되면 되지만

---

39. 사실, 법률지상주의를 경계하기 위함이다. 예수님의 근본정신이 사랑과 관용이라면 법률 만능주의 사고방식은 가장 경계해야할 것 가운데 하나이기 때문이다. 원칙을 일률적으로 적용하기 보다는 사례별로 접근하는 자세를 갖기 위함이라고 보아야 한다.

규약규정은 아무리 사소하거나 잘못되었을지라도 그대로 지키지 않으려면 2/3동의로 규약개정을 먼저 하지 않으면 안 되기 때문이다.

지나치게 단순화시키는 말이겠지만, 장로교인들은 법이 없으면 아무것도 할 수 없다. 따라서 법부터 만든다. 그러나 침례교인들은 오랫동안 사무처리회로 모이지도 않고 규약을 만들지 않아도 전혀 불편을 느끼지 않는다. 아니, 그럴 수 있고 또 그래야 한다.

> **하나님을 믿는다는 것은
> 언제나 하나님의 법을 따른다는 뜻이다.**

"무언의 항변"이라는 표현이 옳다면 "무법의 법"이라는 표현도 옳다. 이 정신을 이해하지 못할 때 겉과 속이 다른 교회, 침례교회라고 하지만 실상은 전혀 침례교회가 아닌 그런 교회들이 만들어질 수 있다. 이기적인 개교회주의로 치우쳐 전혀 침례교회답지 않게 된 교회가 늘고 있는 문제는 오늘날 침례교단이 직면한 또 하나의 과제이다.

교회규약의 필수규정[40]

현대 교회의 혼란은 교인 자격이 불분명하고 교회 회원자격을 남발하기 시작한 것이 근본적인 계기이다. 여기서부터 시작된 구조적 모순이 거의 모든 부패, 그리고 혼란을 틈타 고질적 병폐를 낳았다. 교회 회원자격 규정과 교회 재산 처리 규정을 스스로 엄격하게 운용하지 못한 회중은 교회로서의 기초능력을 상실하고 자기정체성에 훼손을 입게 된 것이다. 회중은 다시 그 역량부터 키워야 한다. 자기 교회를 자신들의 신앙양심에 부합하는 원리대로 이끌지 못하면서 하나님의 또다른 큰일을 꿈꾼다는 것은 어불성설이다. 진정한 비전은 자신들의 문제를 자신들의 힘으로 해내면서 미래에 닥칠 위기에 대비하는 데에서 자라난다.

---

40. 교회는 성도의 연합체(an association of believers in Jesus Christ)이다. 특히 "하나님의 가족공동체"(a family community of God)이다. 이 공동체는 혼인서약에 의해 가정이 이뤄지는 것처럼 교회를 이루겠다는, 위로는 머리되신 주님과 옆으로는 다른 성도들과 맺은 교회서약을 전제한다. 따라서 언약당사자가 준수해야할 규정(교회규약 혼히, 교회정관) 혹은 사무처리회 규정도 역시 (최소한 암묵적으로나마) 전제된다. 이러한 원리를 전제한 것이 침례교회 회중주의인데 최근까지한국 침례교회는 명문화할 필요성을 거의 느끼지 못하였다. 그러나 최근의 사태는 최소한 교회회원 자격과 교회재산처리 문제에 관한 규정을 회의록이나 규정으로 남겨놓을 필요성이 대두되었다.

사목처리회 필수 규정

(08.06.06)

사회는 법이 있어야 질서가 잡히지만 건강한 가정은 법과 권위를 강제하지 않아도 아름다운 질서와 조화가 이뤄진다. 지상교회는 일종의 사회가 아니라, 하나님의 가정이 유형의 형체를 입은 것이다. 그렇기에 개별교회는 법에 이끌리는 사회가 아니라 아버지를 중심으로 믿음과 사랑으로 하나 된 가정공동체이다. 침례교회는 이런 지상교회를 세우고 연합하는 것에 핵심가치를 부여한다.

그래서 반드시 교회규약을 제정하거나, 반드시 사무처리회로 모여야만 하는 것은 아니다. 규약이 없어도 교회생활에 불편하지 않으면 되고, 사무처리회로 모이지 않아도 의사소통이 잘 되고 불만이 없으면 된다. 그러나 원론적으로 볼 때, 교회규약은 있는 편이 그래도 낫고 사무처리회는 모이는 것이 원칙에 맞다.

보통 교회규약을 만든다고 하면 담임사역자 임기와 선출 그리고 운영위원회를 조직하고 그 위원들의 선출이 핵심인 것처럼 생각한다. 그러나 그렇지 않다. 곧 이 두 문제를 본격적으로 언급하겠지만, 어차피 담임목회자는 청빙위원회를 별도로 구성하면서 다뤄야 하는 문제이고 운영위원회는 없어도 되거나, 잘못하면 침례교 정체성을 가장 훼손하는 조직체가 될 수 있다.

어떤 교회를 실제로 침례교회적 정체성을 유지하게 만드는 요소이며 따라서 교회규약으로 올바르게 구체화해야할 가장 중요한 요소는 "교회회원권"(church membership) 문제이다. 교회회원권은 어떤 개인에게 지상교회(개별교회)의 교인자격을 인증해주는 것이 아니다. 그 이상이다. 한 사람의 "신자"가 그리스도의 몸에 참예하여 그 몸의 일부(지체)가 되는 것이며 함께 몸을 이룬 다른 지체들에 대한 무한 책임을 지는 관계를 맺는 것이다. 물론 권한이 최소화되거나 아예 없이 책임만 지는 관계를 설정하는 이 내용이 언급된 교회규약이 침례교회다운 규약이다.

이러한 정신을 언급하는 동시에, 어떻게 하면 교회회원권 후보자가 이런 정신을 깨닫고 실천하려는 의지를 가지고 있는 지를 확인하기 위한 지침들이 반드시 규정되어야 한다. 다시 말하거니와 침례교회의 교회회원은 그가 구원받았다거나 침례를 받았기 때문에 부여하는 것이 아니다. 그것은 기독교 신자의 요건이며 예배와 성만찬에 참여할 자격이 부여되는 것이다. 교인자격이 아니라 교회회원권을 부여받기 위해서는 그 이상의, 위에서 언급한 정신요건을 갖추었는가를 반드시 확인해야 한다.

그리고 교회회원권의 유지를 위해서 교회출석과 헌금을 규정한 경우라면 출석부와 헌금명부를 통한 회원권 관리를 철저히 해두어야 하고 회의록을 정확하게 기재하고 모든 교회회원들에게 복사해

주고 보관토록 해야 한다.

이것이 무너지면 침례교회의 정체성은 순식간에 무너질 수 있다. 그런 점에서 가장 중요한 요소이다.

> **교회회원 자격규정을
> 느슨하게 운영하면 교회정체성이 파괴된다.**

교회규약에 반드시 규정되어야할 두 번째 사항은 교회재산 처리에 관한 규정이다. 교회의 존재근거는 삼위일체 하나님과 그 사역에 있다. 침례교회의 관점에서 볼 때, 사람들이 교회를 세우기로 합의하고 개척함으로써 지상교회가 존재하는 것이 아니다. 영원 전부터 존재하는 무형교회가 형태를 갖춤으로써 즉, 유형적 요소를 갖춤으로써 지상교회 혹은 개별교회가 존재하는 것이다.

무형교회(우주적 교회)가 유형교회(개별교회)로 되도록 만드는 유형적 요소는 가운데 주요한 것은 "장소"이다. 장소를 마련하고, 거기에 유급 사역자를 세우고, 그곳을 기반으로 선교활동을 전개하거나 지원해야 하는 데 이런 활동에는 "자금"이 필요하다.

개별교회에서 자금은 기본적으로 "헌금"으로 마련된다. 이 헌금 자체 그리고 무엇보다도 교회재산에 관한 사항을 교회규약에 분명히 명시해야 한다.

침례교인들은 법규나 제도를 만들어 통제하는 것에 강한 거부감을 갖는 것이 일반적이다. 하지만 통제하기 위해서가 아니라 만약의 사태를 대비한 최종적 안전책이라면 어떨까?

유지재단에 가입만하면 교회재산은 결코 없어지지 않을까? 결코 그렇지 않다. 쉽게 없어질 수도 있다. 그래서 종교법인을 만들거나 법인에 가입하는 것 이외에도 교회규약에도 재산처분을 최대한 어렵게 만드는 규정을 명시해두어야 한다.

교회재산 처리규정을 치밀하게 규정해 놓아라.

얼마 전에 없어진(?) Y교회의 경우도 재산처분 혹은 청산에 관한 규정을 해두지 않았기 때문에 교회가 아닌 유지재단 이사회의 결의로 보상금이 처분되어 교회가 없어지게 되었고 교회회복은 심히 어려운 일이 되고 말았다.

참고로 말하자면, 개별교회 담임목회자뿐만 아니라, 교회회원권을 가진 성도들이라면 분명히 알아야 것이 있다. 유지재단에 가입했다고 무조건 종교법인에 관한 법률의 보호를 받는 것이 아니라는 사실이다.

유지재단에 가입한 재산은 법률적으로, 기본재산과 보통재산(잡종재산)으로 나뉜다. 국가의 법에 의해 엄격이 보호받는 것은 기본재산이다. 기본재산은 그야말로 종교활동에만 사용하기로 한 것이며 우리 사회의 최고권위인 국가가 보장하도록 한 것이다. 그래서 기본재산은 담보물이 될 수 없으며 압류될 수 없고 강제처분될 수 없다.

기본재산을 처분할 경우에는 시청, 구청, 혹은 군청에서 결정할 수 없고 반드시 문화체육관공부 장관의 결재를 받아야 한다. 기본재산은 담당 장관이 직접 관리하는 재산이라고 볼 수 있다. 따라서 유지재단은 재산내역을 매년 장관에게 보고하도록 되어 있다.

반면에 보통재산은 수시로 변동하는 것이기에 장관에게 보고하지 않는다. 헌금내역이 이에 속한다. 교회건물도 수시로 변경가능성이 있기 때문에 일반적으로 보통재산에 들어간다. 분명한 것은 보통재산은 담보물이 될 수 있고, 압류, 경매의 대상이 될 수 있다. 즉, 임의로 처분할 수 있는 재산이라는 뜻이다.

어떤 개별교회가 유지재단에 가입했다면 그것은 법률적으로는, 유지재단이라는 단일 재산으로 통합되었다는 의미이다. 만일 재단에 가입한 어떤 교회가 은행빚을 갚지 못하면 그 은행은 재단에 소속된 600여 교회가운데 아무 교회를 차압하거나 심지어 교회통장을 압류할 수 있다. 그러므로 유지재단이 대출 보증을 선다는 것은 심각한 문제를 야기할 수 있다.

그런데 기본재산에는 손대지 못한다. 그러므로 만일 어떤 개별교회가 교회재산을 유지재단에 가입했는데 기본재산이 아니라 보통재산으로만 되어 있다고 가정해 본다면 그 교회는 매우 큰 위험에 처할 수 있다. 언젠가 아파트 단지 개발로 큰 피해를 입은 어떤 교회도 근본적으로는 이런 문제에 소홀한 때문이다.

반면에 대구의 모 교회 담임목사는 오래전에 유지재단에 가입한 교회재산이 기본재산으로 되어 있는지 아닌지를 문의한 끝에 기본재산으로 되어 있지 않다는 사실을 확인하고는 즉시 기본재산으로 올릴 것을 재단에 요구하였다. 이러한 조치는 몇 년 뒤에 이 교회에 엄청난 이득을 주었다. 기본재산은 장관의 결재사항이기 때문에 건설회사도 함부로 수용하지 못하고 교회의 요구를 최대한 수용할 수밖에 없었기 때문이었다.

　결론적으로 말해서, 침례교회의 정체성을 유지하기 위한 가장 근본적인 방책은 두 가지이다. 첫째, 교회회원권을 침례교답게 제대로 규정하고 집행해야 한다. 둘째, 유지재단에 가입했다면 기본재산으로 되어 있는지를 확인하고 그 사항과 교회재산이나 재산권 행사에 관한 내용과 절차를 명확히 해서 교회규약에 넣어야 한다.[41]

---

41. 최종적으로 교회를 폐쇄하거나 분리하게 될 경우 혹은 자교회(子敎會)를 분립시키는 경우에 교회재산을 어떻게 처리할 것인가에 관한 규정을 명확하게 정해놓고 그 규칙을 개정할 때에는 교회회원의 만장일치 혹은 3/4 이상의 의결정족수를 정해둔다. 교회 폐쇄의 경우 기존 교회회원들은 청산하고 남은 재산을 조금도 가져갈 수 없고 그 모든 재산을 전혀 연고가 없는 선교사 혹은 선교단체에 무조건 기부하도록 규정해 놓으면 좋다.

29 사목처리회 의결권

교회의 교인총회 즉, 사무처리회나 임원회 등은 예배공동체로서가 아닌 어쩌면 보다 진정한 의미에서의 교회공동체이다. 그 교회공동체에 부여된 의안(議案)에 대해 스스로 찬반 입장을 표명하여 의결할 권리와 책임은 하나님으로부터 교회를 통하여 부여된 신성한 것이다. 그것을 다른 회원 혹은 일부 회원들에게 위임하는 것은 결국 교회 안에 통치계급을 낳는 단서가 된다. 결국 하나님의 뜻이 아닌 사람의 방식에 따라 통치자와 피치자가 생겨난다는 것이다. 칼을 차고 농사짓는 것이 힘들어서 칼을 전적으로 타인에게 맡기고 마음 편히 농사만 짓는다면 결국 칼을 맡긴 농사꾼은 자기 땅에서 노예가 된다. 노예는 그 목숨도 자기 것이 아니다. 일부 회원이 아니라 전체회의가 최종권한을 갖는다는 원칙은 타협도 보류도 있어서는 안 된다.

사무처리회 결의권

(08.07.02)

때로는 이름이 본질을 정확하게 전달해 주지 않는다. 사무처리회(business meeting)라는 명칭이 그렇다. 사무처리회는 교회의 사무를 처리하기 위한 업무상의 모임이 아니다. 교회 속에 속한 기관의 일종이 아니다. 더구나 사무처리회 회원자격은 단지 그 교회에 등록하고 헌금하는 사람들에게 쉽게 주어져서는 안 되는 것이다. 하나님께서 그 교회를 이루라고 불러내 묶어주신, 다른 말로하면 교회에 대한 공동책임을 지겠다고 서약한, 진정한 의미에서의 회중이 한 자리에 모인 것을 가리킨다. 그런 점에서 사무처리회의 정확한 명칭은 교인총회 그것도, "서약교인 총회"여야 하는데, 일반적으로 등록교인 혹은 출석교인과는 분명히 구별된 특별한 교인들의 총회이다. 엄밀히 말하자면 "개별교회의 연차총회"이다.

침례교회의 정체성은 예배와 성례전뿐만 아니라 사무처리회 운용방식과 의결방식 등에서도 그대로 드러나야 한다. 그럼에도 불구하고 지금 우리 교단의 각 교회들은 사무처리회 회원자격을, 장로교회 교인자격에 해당하는 것과 엇비슷하게 이해하고 운용함으로써 오류를 자초하고 있다.

> 사무처리회는 사무만 처리하면 되는 것이 아니다.
> 신앙의 자태, 신앙의 성숙 및 결산을 하나님 앞에 드러내는 "하나님의 총회"이다.

장로교회의 정치체제를, 대표자를 선출하여 중요 권한을 위임하여 운용하는 간접 민주정체로 이해하고 침례교회 정치체제를 이에 반해 직접 민주정체를 취한다고만 이해한다. 이렇듯 표피적인 이해는, 정체에 내재된 보다 중요한 의미를 간과하게 만든다.

장로교회 정치체제는 일종의 정치엘리트를 육성하여 권한과 책임을 맡기는 방식이다. 그런데 이 체제는 선택된, 그리고 재능 있는 소수의 엘리트는 평범한 다수보다 낫다는 전제에 입각한다. 흔히 "인재"(人才)라고 불리우는 선택된 엘리트는 교회와 교단을 움직이는 룰을 만들고 해석하는 등, 각종 문제를 해결할 권한을 부여받는다. 위기상황에서는 독재(獨裁)할 특권까지 갖게 된다. 이것은 정치 혹은 조직의 주요한 문제란 범재(凡才)들이 다룰 수 없는 영역의 문제라는 인식을 강요하는 것인데, 결과적으로 조직 즉, 교회의 운명은 사심 없는 정치엘리트의 육성과 그런 엘리트의 출현에 좌우된다는 믿음을 갖게 만든다. 결국 귀족주의 혹은 왕조국가 체제에서나 통하는 방식이다.

침례교회 정치체제는 이런 전제들을 근본적으로 거부한다. 평범할 뿐이어도 자신의 운명은 자신들이 결정하도록 정치권력을 대중에게 돌려줘야 한다고 믿는 방식이다. 그렇다고 해서 다수의 선택이 항상 선이라고 믿는 원리도 아니다. 공동체의 문제는 그 공동체를 구성하는 모든 구성원이 함께 모여 생각을 나누고, 한 하나님 앞에서 한 믿음으로 한 마음을 이룬 가운데 함께 결정해야 마땅하다는 생각에 입각한 것이다. 물론 순진하게도, 이 믿음을 국가와 같은 거대조직에 그대로 적용해야 한다고 주장하는 것이 아니다. 평균적으로 볼 때 기껏해야 수백 명이 모이는, "가정공동체"(家庭共同體)인 교회에 적용해야 한다는 주장이다.

그런 점에서 회중주의는 민주주의를 응용해서 만든 교회정체가 아니다. 오히려 그 역이다. 회중주의를 넓게 사회, 국가 차원으로 확대한 것이 민주주의이다.

개별교회가 발견한 문제들을, 사무처리회 회원이 한 자리에 모여 성경과 신학에 입각한 올바른 토의를 전개하고 설득하며 이 과정을 통해서 문제를 해결하는 동시에 그 개별교회의 "집단지성"을 높이며, 그 개인들의 지성과 리더십을 함양하고자 하는 것이 회중주의이다.

**회중주의(會衆主義)는
회의주의(會議主義)이다.**

성장이란 과거의 틀을 벗는 것이다. 신앙의 성숙이란 불신앙의 옛 모습을 벗고 새 사람을 입는 것이다. 그리스도의 "몸"인 회중의 경우도 마찬가지이다. 교회는 언제나 변함없이 거룩한 존재가 아니다. 집단으로서의 교회도 지독히 세속적이며 불신앙적이 될 수 있다. 따라서 교회는 성숙한 모습과 성화를 이루기 위해 자신의 과거를 극복해야 하는 경우가 많다. 교회도 새롭게 인식한 말씀의 공유와 은혜의 역사를 통해 옛 자아를 벗어버려야 한다. 그렇기 때문에 교회공동체는 과거의 유산 즉, 전통에 사로잡혀서는 안 된다.

선교회, 지방회, 총회 등, 교회 외부의 기관들은 엄격한 의미에서 결코 교회가 아니다. 독립된 단일한 회중만이 (지상)교회이며, 회중은 그 자체로 독립되어 있고 개별적인 존재이다.

회중 즉, 사무처리회는 자기 교회 문제에 관한 최종적, 최고 결정 권한을 교회 안팎의 기관에 위임해서는 안 된다. 최종결정권을 한 개인, 소수의 사람들, 혹은 외부인들에게 위임해서도 안 된다고, 잉글랜드에 최초의 침례교회가 세워지기도 전인 1596년 분리주의 청교도 회중의 신앙고백서에 분명한 원칙으로 정립되어 있다.

> **사무처리회 권한은 회중 그 자체의 것이며,
> 어떤 개인 혹은 소수에게도 위임 혹은 양도할 수 없다.**

사무처리회는 최종적, 최고 결정권을 그 자체에 갖고 있어야 하며, 위임할 수 있는 것은 그 최종결정권이 아니라 사무처리회에서 결정된 사항의 실행·집행 권한 일 뿐이다.

예를 들어 생각해보자. 담임목회자들은 정기총회·임시총회 대의원등록계를 제출해 본적이 있을 것이다. 거의 대부분의 경우, 대의원등록계란 담임목사를 그 교회의 대표자로 파송한다는 내용뿐일 것이다. "대의원"이라는 용어 자체도 매우 장로교적이다. 게다가 오늘날 우리 교단의 대의원들은 장로교의 "총대" 비슷하게 행세한다.

본래 침례교회의 대의원은 "대표자"(representative)가 아니라 "메신저"(messenger)여야 한다. 정기총회·임시총회의 의안을 스스로의 입장에서 판단하기보다는 그 의안에 대한 교회의 입장을 전달해야 한다. 다시 말하면, 이미 확정되어 개별교회에 공지된 의안에 대해서는 사무처리회에서 미리 결의하여 총회에 전달해야 한다. 총회에서 결의된 사항들은 각 대의원은 자신의 회중에게도 돌아가 그대로 전달하여, 각 회중은 총회의 결의를 받아들일 것인지, 거부할 것인지를 논의해야 한다. 필요하다면 거부 이유를 밝히고 그에 따른 결과를 받아들이면 된다.

총회는 개별교회 사무처리회의 자발적 결의를 간섭하거나 총회의 결의를 강제해서는 안 된다. 이것이 17세기에 침례교회가 처음 생길 때부터의 원칙이다. 양심의 자유, 언론의 자유, 결사의 자유는 단지 개인 차원에서만이 아니라 개별교회 회중에게까지 적용되어야 한다는 것이 침례교회의 정신이다.

올해(2008년) 우리는 두 번씩이나 임시총회를 개최하였다. 과연 그 결의들이 우리 교단을 구성하는 2700여 교회들의 의사를 정당하게 반영하였는지를 물어야 하겠지만, 총회에 대의원을 파송한 회중들은 그 결의사항에 관해, (임시)사무처리회를 통해 대의원으로부터 공식적인 설명을 듣거나 혹은 이에 준하는 방식을 통해 사안을 책임 있게 이해하고 반영하고 있는 지도 진지하게 물어야 한다.

오늘날 침례교회 정체성 혹은 회중주의에 관해 생각할 때 혹시 교회에 대한 지배권을 누가 가져야 하는가에 관해서만 고민하는 것은 아닌가 반문하고 싶다. 회중주의의 올바른 실천은, 지배권의 문제 이전에 정보(情報) 혹은 지식 즉, 성경 그리고 사안에 관련한 해석의 무차별적, 무제한적 공유가 관건이다.

모든 독재와 부패에는 정보의 독점, 정확하고 올바른 지식의 차단이 결부되어 있다. 따라서 침례교회가 나아가서는 우리 교단이 침례교회다워지기 위해서는 올바른 정보를 의혹의 여지없이 정확하게 공유해야 한다.

각종 위원회와 이사회 등은 모든 회의록과 회의를 녹화한 영상을 가감 없이 즉각적으로 공개해야 마땅하다. 오늘날 인터넷과 핸드폰의 발달은 그것을 가능한, 나아가서는 아주 쉬운 일로 만들었다. 연일 계속되는 "촛불집회"는 이 시대, 이 나라에서 침례교회의 회중주의가 어떻게 가능한 지를 보여 준다. 우리의 회중주의가 얼마나 놀라운 위력을 발휘할 수 있는 지를 보여 주는 산 증거이다.

합력하여 선을 이루기 위해 30

우리 그리스도인들은 개인적으로 구원받았으나 그 구원은 삼위일체 하나님의 합력 그리고 여러 성도들의 합력에 의한 것이다. 교회가 되는 것도 하나님의 뜻에 따라 여러 성도들이 합력하여 세우는 것이다. 교회의 일이란 그리스도 안에서 합심, 합력하는 것을 배우는 과정이다. 결코 자기의 의견을 따르는 지지자들을 규합하여 장악하거나 무리짓는 일이 아니다. 강한 자가 지극히 약하고 볼품없는 자와 합력하는 모습을 가져야 한다. 유명한 자는 무명한 자와 유식한 자는 무식한 자를 채워 함께 성취해야 한다. 그것이 성경이 우리에게 제시하는 이상(理想)이다. 그 이상을 현실화하기 위해 교회가 존재하는 것이다. 실현하지 못할 이상을 주신 것이 아니다.

사무처리회가 넘지 못할 선

(08.07.16)

오직 회중만이 교회이다. 아무리 교회 비슷하고 신령한 권위가 많아보여도 교회가 아닌 것은 교회가 아니다. 총회는 교회가 아니다. 교회들의 연합체도 교회가 아니다. 총회 기관들도 결코 교회가 아니다. 총회는 개별교회 대표자들의 모임이다. 복음사업을 확장하고 교회의 사명을 효율적으로 수행하기 위하여 개별교회 대표자들이 모인 회의체 혹은 기관이다. 총회의 각 기관은 전문화된 사역을 통해 총회의 사업을 발전시키기 위해 세운 도구일 뿐이다. 그런 점에서 교회는 독립성과 자주성이 매우 중요하지만, 총회와 기관들은 독립성이 아니라 효율성이 중요하다. 총회와 기관들은 교회들에게 종속된 조직체들이다. 그러므로 총회는 교회와 경쟁해서는 안 되고, 총회기관들은 총회와 이익을 다퉈서는 안 된다.

지방회는 개별교회 대표자들의 모임이기도 하지만 경우에 따라서는 "교회들의 연합체"로 간주될 수도 있다. 총회보다는 훨씬 영적 성격이 강하게 나타나는 즉, 교회적 특성이 강하게 나타난다. 하지만 엄밀한 의미에서는 지방회 역시 완전한 의미에서 교회가 아니다.

회중만이 그리스도의 몸이고 개별교회의 최고·최종 의사결정은 "서약교인 전체" 즉, 개별교회 전체의 가시적 모임인 "사무처리회"에서 이뤄진다. 사무처리회는 따라서 구약의 "총회"(민 20:10, 신 9:10, 18:16) 혹은 "여호와의 총회"(민 20:4)에 해당한다. 그러므로 사무처리회만이 "교회"의 실체를 보여 줄 수 있고, 그리스도의 몸을 가시적으로 드러낼 수 있다. 그런 점에서 매우 특별한 유기체이다. 그렇기 때문에 사무처리회는 총회나 기관 혹은 다른 어떤 기구가 그 개별교회의 주권을 찬탈하거나 침해하지 못하도록 철저히 지켜내야 한다.

그러나 완전 성화를 이루지 못한 지상성도들로 구성된 유기체이기 때문에 세속에 관련된 많은 일들을 처리해야 하고, 많은 잘못을 저지를 수도 있다. 그래서 지상성도가 정도(正道)를 따라야 하는 것처럼, 교회도 정도를 따라야 한다.

그리스도의 몸된 교회는 교회의 정도를 따라야 한다.

교회재산, 징계 및 회원권, 담임목회자 임면, 교회의 신학노선 등에 관한 문제들은 사무처리회 즉, 교인 전체가 논의하고 결정하고, 교인 전체가 책임져야 할 사안이다. 이런 일을 어떤 개인, 몇몇 개인들, 위원회, 혹은 제직회 등에 위임하여, 사무처리회를 대신하여 처리하도록 하였다면 그 자체로 잘못된 결정을 내린 것이다.

담임목사 임면권이 총회에 있느냐 지방회에 있느냐 아니면 개별교회 사무처리회에 있느냐고 물으면 당연히 사무처리회에 있다고 답해야 한다. 그렇다고 해서 담임목사 임면은 사무처리회가 교회규약에 정하대로의 요건을 갖춰 그 의결정족수만 채우면 임의로 어떤 결정도 내릴 수 있다고 생각해서는 안 된다. 교회규약에 따른 합법성보다 중요한 것이 "영성"이다. 교회는 영적 유기체이며, 하나님의 것이기 때문이다.

과거에, 침례받은 중고생들이 서명해서 담임목회자를 해임한 사례도 있었다. 혹은 그 과정에 참여하여 어른들과 논쟁을 벌인 경우도 있었다. 어떤 결과가 나오든 깊은 영성과 신학의 성숙이 없이 이런 일을 한다면 상처받는 일을 피할 수 없다. 담임목회자를 임면하기 위한 필요충분조건은 교인들의 합의 혹은 의결정족수가 아니다. 하나님의 뜻과 진리에 대한 깊은 통찰과 깊은 영성이 있어야 한다. 그래서 예부터 침례교인들의 정신은 "법대로 합시다"가 아니라 "말씀대로 합시다, 주의 뜻대로 합시다"에 있었다.

교인들이 의결정족수를 채워 합의를 하였다면 그것을 하나님의 뜻이 나타난 것으로 간주할 수 있을까? 대개는 그렇다고 간주하지만 실제로는 하나님의 뜻일 수도 있고 아닐 수도 있다. 의결정족수를 채웠기 때문에, 소수파 교인들의 불만을 잠재울 수는 있겠지만 다수의 결이 언제나 정의가 아니다. 소수가 진리와 정의를 대변하는 경우도 많다. 소수 의견이라고 해서 무조건 무시하는 것도 잘못이다. 그래서 성경말씀의 어떤 부분에 근거하였는가에 대한 이해가 중요하고, 교회목적에 대한 확신의 공유가 중요하다.

다수결이
절대선이 아니다.

장로제도에서는 개별교회를 지(支) 교회라 한다.⁴² 이것은 (장)노회를 본(本) 교회로 보는 셈이다. 본교회인 노회에서 지교회에 파송한 목사(장로)와, 노회가 인준한 평신도 대표인 (치리)장로가 합하여 "당회"(堂會)를 구성한다.⁴³ 교인들이 거기에 있다는 것이 아니라 사실상 이 당회의 존재가 그 모임을 교회로 만드는 요소이다.

침례교회 회중주의는 장로교회의 "당회"와 같은 식의 정책결정기구 설치에 극도로 민감하다. 이런 당회를 반대하는 한 가지 이유는 당회를 구성하는 평신도 대표인 (치리)장로의 주된 존재목적 때문이다. 장로제도에서는 반드시 평신도 대표인 (치리)장로와 더불어 당회를 구성하고 교회정책을 심의 · 의결하도록 함으로써 독재를 방지하고 민주적 합의를 하도록 유도하는 의의를 가진다고 한다. 그러나 우리가 주목해야 할 것은 "민주성"이 아니다. 평신도 장로의 존재목적이 목사에 대한 보좌인 동시에 목사에 대한 견제(牽制)라는 점에 주의해야 한다.

장로제도에서 목사가 독재를 하게 되면 사실상의 목사는 감독이 되고 감독제도로 변질된다고 보는 것 같다. 이는 장로제도가 어떤 점

---

42. 감리교회에서는 개체교회(個體敎會)라고 한다. 하지만 "회중"을 충분히 대체하지는 못한다.
43. 감리교회에서 "당회"는 장로교회의 "공동의회", 침례교에서의 "사무처리회"에 해당한다.

에서는 감독제도의 수정판이라는 태생적 한계 때문이기도 하다. 이 때문에 오늘날 장로제도는 목회자에 대한 "견제"를 제도적으로 허용하는 선에 이르렀다.

침례교회 회중주의는 이런 사고방식을 결코 허용하지 않는다. 도대체 성경 어디에 목회자를 견제할 사람 혹은 기관을 세우도록 하였는가? 하나님은 모세를 세우셨고, 모세를 견제토록 하기 위하여 아론이나 미리암을 세우셨는가? 이스라엘 장로들에게 그런 목적의식을 고취시키셨는가? 누가 사사들을 견제했으며, 누가 사도들을 견제했는가? 바울은 교회에 사역자를 보내면서 그 교회에게 그 사역자들이 독재하거나 타락하지 않도록 견제하고 감시하라고 권면하였던가?

사무처리회가 목회자를 세우고 동시에 그 목회자를 견제할 사람이나 기관을 세운다는 것은 결코 성경적이지 않다. 사무처리회가 담임목회자를 세웠다면, 그 교회 안에서는 오직 목회 협력자만이 있어야 옳다.

어디 한 번 두고 보자는 식으로 생각하든가 목회자가 잘하면 도와주고 잘못하면 견제하고 끌어내리겠다고 생각하는 것 역시 오만하게 잘못된 행위이다. 사무처리회 즉, 교회는 담임목회자들 중심으로 하나 되어야 할 책임이 있고 머리되신 주님께로부터 받은 사명을 이루기 위해 유기적으로 결속하여 움직여 나아가야 한다. 목회자의 약함이나 부족함은 채움의 대상이지 비판의 대상이 아니다. 그 선을 넘어서서는 안 된다.

목회자의 실패는 목회자만의 실패가 결코 아니다. 목회자의 실패는 교회의 실패이고, 실패가 실패로 끝나는 것은 그 교회의 능력부족에 대한 증거이다. 좋은 목회자가 언제나 좋은 목회를 할 수 있는 것이 아니며, 목회자를 갈아치우는 것이 언제나 좋은 해결책이 아님을 늘 염두에 두어야 한다. 부르심과 세움은 하나님의 주권에 속한 것이기에 사람이 임의로 취소할 수 없다. 하나님께서 주신 목회자임을 발견하였다면 제대로 된 목회가 이뤄지도록 전적으로 협력하기 위해 사무처리회가 존재하고 교회기관들이 존재하는 것이다.

**회중은 합력하여
선을 이루도록 도모해야 한다.**

그럼에도 불구하고 교회들이, 사무처리회가 하나님을 대신하는 경우가 얼마나 많은지! 침례교회의 회중주의가 성경의 원리들을 이상적으로 정리하였고 이미 17세기 이후로 침례교 선조들이 그 원리에 따라 교회를 조직하고 실천하였음에도 불구하고 오늘날 많은 침례교회들이, 대형교회들, 대형교단들의 잘못된 제도와 관례를 모방하여 성경적 교회제도를 망가뜨리는 일이 많다.

총회나 기관과 마찬가지로 사무처리회도 많은 잘못을 저지를 수 있다. 악한 일을 획책하고 범죄를 저지르는 것만이 타락이 아니다.

정도를 넘어서서 좌나 우로 치우치는 것도, 달려가야할 길을 잘 달려가지 못하는 것도 잘못이다. 주 예수 그리스도를 기준으로 삼아 언제나 빛 가운데 걸어가도록 해야 할 것이다.

전신자제사장 교리 31

전신자(全信者)제사장 교리는 성경의 명백한 가르침이다. 중세 종교개혁의 기치들 중에 하나였다. 따라서 종교개혁의 후예들이 당연히 지켜내야 하는 핵심가치이다. 복음주의가 옳다고 생각한다면, 복음주의 교회가 올바른 교회라고 생각한다면 그 전신자제사장 교리의 구체적 실현방안을 고민해야 마땅하다. 교회 안에 민주주의를 실현하는 것이 아니라 전신자제사장 교리에 부합하도록 해야 하는 것이다. 결국 회중주의를 실현해야 하는 대의명분은 전신자제사장 교리의 실천이다. 역으로 전신자제사장 교리가 실현되지 않는다면 개신교회가 아니며, 진정한 의미에서 복음주의 교회가 아니라는 결론에 도달한다.

전신자제사장 교리

(08.07.30)

타 교파교회와 침례교회를 구별짓는 중요한 개념 가운데 하나가 "전신자제사장교리"(Doctrine of all believers' priesthood)에 대한 강조이다. 본래 루터가 재발견한 이 개념은 종교개혁신학 혹은 복음주의의 근본적인 특징 가운데 하나로서, 중세기독교의 중대한 오류인 사제주의와 고해성사 제도를 제거하도록 하는 중요한 개념장치이다.

침례교회가 타 교파에 비해 일찍부터 그리고 폭넓게 수용해온 "전신자제사장직"이란 무엇일까? 예수 그리스도를 믿음으로 말미암아 구원받은 모든 신자는 하나님으로부터 직접 은혜를 받았고 직접 하나님께 나아갈 수 있다, 따라서 피조물인 사제계급의 중재는 불필요하다는 주장이다. 그러므로 신자는 직접 하나님께 예배드리고 주의 만찬을 나누고, 그리스도의 이름으로 직접 기도한다.[44]

---

44. 전신자제사장 교리는 이신칭의(Justification by faith only) 교리만큼이나 중요한 것임에도 오늘날 익숙하게 알려지지 않은 까닭은 다음과 같다고 생각된다. 첫째, 전신자제사장 교리의 기본 개념은 19세기 후반기 이후 특히, 벤자민 워필드의 방식을 따라 "복음주의"로 정의되어 소개되었기 때문이다. 둘째, 이 교리를 이용하여 교회의 제도적 측면을 부정하는 경향이 대두되었기 때문이다. 셋째, 전신자제사장 교리는 교회의 제도적 측면을 부정하는 것이 아닐지라도 결국 교회의 정치구조에 영향을 주어 회중주의를 전면적으로 취하게 만들기 때문에 권위주의적, 계급화 된 교회에서는 적극적으로 수용하기 어렵기 때문이다.

그러나 결코 간과해서는 안 되는 사실은 사무처리회야말로 전신자제사장직 교리의 철저한 실현이라는 점이다. 사무처리회가 최종 결정권을 갖는다는 것과 사무처리회를 운용하는 방안에 그 정신이 철저히 깔려 있기 때문이다. 누차 밝혔듯이, 사무처리회는 그 회중구성원 전체가 직접, 하나님 앞에 모여 하나님의 뜻을 발견하고 인정하는 자리이다. 그러므로 사무처리회는 전신자제사장교리의 전폭적인 실현이라고 말할 수 있다.

> 회중주의적 교인총회는
> 전신자제사장 교리의 철저한 실현이다.

그런데 문제는 근래에 여기에서 훨씬 더 나아가 "전신자의 제사장직"을 "전신자의 사역자화"(all believers' ministerhood)로 지나치게 확대하는 경우가 많아졌다는데 있다. 이 둘은 철저히 구별되는 용어들이다. 물론 모든 신자가 직접 말씀을 보고 해석하고 기도하고, 다른 신자들을 목회적으로 돌보아야 마땅하다고 주장한다면 문제가 될 것은 없지만 말이다. 그런데 모든 신자의 사역자화를, 수직적 계급질서를 수평적 구조로 바꾸기 위한 "모든 평신도의 목회자화"라는 의미라고 생각하기 시작할 때는 사실, 지나치게 나간 것이다.

"전신자의 사역자화"란 로마 가톨릭의 "평신도사제직" 개념과 별로 다를 것이 없다. 가톨릭에서는 사제가 부족하자 훈련된 평신도들에게 사제직의 일부 기능들을 허용하기로 하였다. 그 개념들을 개신교에서는 경우에 따라서는 담임목회의 구조와 권위를 파괴하는데 사용하고 있는 셈이다.

이스라엘이 시내 산 밑에 도착하는 즉시 하나님은 이스라엘을 시내산 언약 체결로 초청하셨다. 이스라엘은 하나님의 명령을 준행하면 "제사장 나라"가 된다(출 19:6). 제사장 제도를 세우기 전이다. 다시 말하면, 이스라엘은 시내산 언약을 통해 "제사장 나라"가 되었지만 제사장 제도가 세워졌고, 천부장·백부장·오십부장·십부장의 유사들을 두었다.

이스라엘은 제사장을 정점으로 수직적 계급화를 이루었던 것이 아니다. 제사장계급은 억압적 구조가 아니었고 제사장만 없으면 모두가 평등하고 행복하게 지낼 수 있는 그런 것은 더더욱 아니었다.

오늘날 전신자사역자화를 실현하는 가장 대중화된 방법 가운데 하나는 "소그룹" 사역 혹은 셀(cell)이며, 셀 타입의 목장사역이다. 소그룹 혹은 선교단체에서 전신자제사장교리를 강력하게 가르치면서, 조직구조를 소그룹(셀 모임)으로 하는 경우가 많다.

5×5 구조는 구성원 5명마다 리더 1인을 세운다는 것이고 상급리더는 5명의 리더를 둔다. 이런 식으로 5단계를 구성할 수 있다. 12×12 구조는 그 인원이 12명으로 늘어난다.

전신자제사장교리를 주장하면서 전통적인, 수직적 목회패러다임을 부정하고 일인(담임)목회를 잘못된 것이라고 주장하면서도 실제

조직구성은 피라미드식 수직계층화를 쌓아올리는 모순을 범한다. 피라미드식으로 쌓아올릴 때 결국 그 정점은 있기 마련이다. 아무리 전신자제사장교리를 주장할지라도 회원들 간의 질적 차이, 리더들의 질적 차이는 존재할 수밖에 없기 때문에 피라미드식으로 조직화한다. 그렇다. 전신자제사장직이라는 교리와 회중의 조직화는 서로 별개로 생각해야 하는 분야이다.

장로교회 헌법에는 "미조직교회"라는 개념이 있다. 미조직교회는 다른 말로 하면 전도소 혹은 기도처라고도 한다. 목사가 있지만 교인이 15인 이하로 줄거나 장로가 한 사람도 없이 몇 년이 지나면 조직교회 즉, 정상적인 교회에서 미조직교회로 그 위상이 한 단계 떨어진다.[45]

장로교회에서 조직교회는 최소 교인 30명과 1인의 평신도대표인 장로를 뽑아 "당회"를 구성할 수 있어야 "조직교회" 즉, 정상적인 교회로 간주한다. 당회라는 기관을 통해, 불완전한 의사결정을 방지하고 "대표자와의 합의"에 의한 통치를 실현하고자 한 것으로 보인다. 왜 대표자 소수와만 합의해야 하는지를 묻는다면, 모든 신자가 다 높은 수준으로 훈련받은 것이 아니기 때문이라고 답할 것이다.

침례교회에서는 장로교회 식의 "미조직교회"라는 개념은 사실상

---

45. 당회가 구성되지 못하고, 따라서 당회고유 사무를 처결하지 못하기 때문이다. 그러므로 장로교회에서 교회의 본령은 작은 노회(老會)인 "당회"라는 회의체에 있다.

있을 수 없다. 침례교회에서는 사무처리회로 모일 수만 있으면 된다. 그리고 사무처리회에서는 모두가 평등한 한 개인의 자격으로 임한다. 회원들 중에는 부족하고 약한 회원이 있다. 그러나 그 약함은 믿음과 성령 안에서 모두 함께 함을 통해 극복해야 한다고 침례교인들은 믿는다.

사무처리회는 1년에 몇 번이라고 횟수를 정할 필요가 없다. 교회에 따라, 형편에 따라 그 회수를 마음대로 정하면 된다. 규약이 없어도 사무처리회는 모일 수 있다. 임원이나 업무분장이 없어도 사무처리회는 모일 수 있다. 심지어 특별한 안건이 없어도 모일 수 있다. 사무처리회는 사무만 처리하는 기관이 아니라 교회와 관련된 모든 것을 함께 이야기 하고 함께 나눌 수 있는 자리이다. 또한 아무런 직분도 없는 평신도를 사무처리회장으로 선출할 수도 있다.

그런 점에서 전신자제사장직이란 교리를 가장 철저히 드러낸 것이 침례교회의 사무처리회이다.

**회중이 회의(會議)공동체를
이룰 때 전신자제사장 교리가 실현된다.**

목사는 평신도들과 마찬가지로 제사장의 역할을 행할 수도 있다지만 그렇다고해서 제사장이 된 것은 아니다. 목사는 섬기는 종인 동시에 감독자이다. 영혼의 감독자요 교회의 감독자이다. 목사는 희생하기로, 손해보며 살도록 선택된 자가 아니다. 철저히 헌신된 자, 성숙한 교인, 헌신되지도 않고 경직된 교인, 경건치 못한 자, 범죄자, 초신자, 불신자 등이 무차별적으로 섞여 있는 교회를 돌아보며 교회질서를 유지하는 감독자이다.

하나님의 부르심과 회중으로부터의 선택을 받아 목사로 세워졌고 회중을 구성하는 한 사람이었지만, 회중 위에 별도로 세워진 특별한 은혜의 기관으로서 교인들이 말씀을 철저히 따르는 지를 살피고 권면하는 일을 수행해야 하는 감독자이다. 교인들 각각의 발달수준을 파악하고 교인들 상호간의 관계를 도와주고 이끌어주는 일을 하는 감독자이다.

그렇기 때문에 평신도를 사무처리회장으로 선출하고 목사는 사무처리회에서 아무 직함 없이 마치 일개 교회회원으로 돌아간 것처럼 보여도 다른 회원과는 근본적으로 다른 위상을 갖는다는 점을 잊어서는 안 된다.

32 담임목사 재신임

담임목사 재신임, 나아가서는 장로 재신임은 교회의 부패를 청산하는 방편인양 도입되고 있다. 회중주의를 중우(衆愚)정치라고 비판하지만 이것은 현상이나 과정이 마치 본질인 것으로 오판하여 나온 말이다. 회중교회가 혼란에 빠지는 것은 회중이 하나님을 경시하는 죄 때문인 경우가 많지만 담임목사 재신임은 그 제도 자체가 중우정치를 초래할 우려가 매우 크다. 회중주의라고 해서 담임목사 재신임을 제도화할 것을 요구하지도 않는다. 목사를 결코 목회노동자로 만들어서는 안 되기 때문이다. 목사가 오래 붙어있고 싶으면 열심히 좋은 성과를 내려고 노력하게 될 것인데, 역으로 교인들 비위를 잘 맞추도록 요구하는 제도는 목회를 세속화하고 정치화하고 나아가서는 권력화하게 만드는 또 하나의 방편으로 만들 위험이 매우 크다.

담임목사 재신임

(08.08.20)

"컨스티튜션"(constitution)이라는 단어가 있다. 어떻게 해석해할지 곤혹스러울 때가 많은 단어이다. 본래, 이 단어는 "국가를 조직하는 것"이라는 뜻의 라틴어 "렘 푸브리칸 콘스티튜레"(rem publican constiture)에서 나왔는데 로마 황제가 선포한 법률들을 가리켰고 나중엔 주로 로마교황이 결정하여 선포한 교회법률을 가리켰다. 그것이 불어와 영어 단어로 자리를 잡았는데 근대 일본의 "리쓰꾸리 린쇼"라는 사람이 "헌법"(憲法)이라고 번역하였다. 그러니까 "헌법"이라는 단어는 고대 중국에서 처음 사용되었지만 그 뜻은 거의 상실하고 근대 일본식 개념이 담긴 일본식 한자가 되어 서유럽 국가제도의 틀이 되는 기본법을 가리키는 단어가 된 셈이다.

"컨스티튜션"을 "헌법"이라고 번역해 놓으면 소위 "국가제도의 기본법"을 의미해서 "법치주의"를 표방하는 것처럼 느껴진다. 우리 침례교인들의 체질과는 잘 맞지 않는 뉘앙스를 풍긴다. 법률보다는 합의(規範)라는 뉘앙스를 풍기는 "헌장"이라는 단어에 대해서는 저항감이 덜하다. "약속"이라는 측면을 더욱 강화하여 "최소한의 약속된 규칙"이라는 뜻으로 "룰"(rule) 쯤으로 생각해서 "규약"이라는 번역어를 사용하기도 한다. 그런데 이 단어의 본래 개념을 정확히 따져보면, 오히려 "국가제도(國制)" "정치체제(政體)"도 적합한 뜻이고 나아가서는 "헌장"(憲章) 심지어 "규약"(規約)이나 "정관"(定款)으로 번역해도 된다. 뜻밖에도 이 단어는 "본질", "골자"라는 뜻으로도 사용된다.

**교회의 내용만이 아니라
교회의 작동방식까지도 성경적이어야 한다.**

그러니 이런 말장난이 가능하다. "우리 침례교 조상들은 사람들이 만든 최고법(constitution)이 싫어서 헌장(constitution)을 만들었는데 우리는 그것을 법이 아니라 약속이라는 의미를 좀 더 강화하여 규약(constitution)이라고도 한다. 이 규약도 미비점이 많아서 최근 개별교회에서는 정관(constitution)을 만들어 사용한다"라고.

어쨌든 이 "컨스티튜션"이라는 단어는 무리지어 모인 사람들이 그 목적을 추구하기 위해 서로의 관계를 설정하고 일을 처리하는 근본방식을 정해놓은 것이라고 보면 될 것이다. 이것을 조직구성, 조직화라고 할 수도 있다. 이 조직화는 그 조직의 "본질"을 드러낸다.

그러므로 장로교회의 헌법과 마찬가지로 우리 교단의 규약, 개별교회의 정관도 우리가 어떤 조직체계를 가지며 그 진짜 본질이 무엇이며 진정으로 무엇을 추구하는 사람들인가를 드러내는 근본자료이다. 달리 말하면, 공동체로서의 우리 자신도 우리의 존재목적과 본질이 무엇이며 우리가 제대로 하고 있는가를 알려면 우리의 규약, 우리의 정관을 살펴보아야 한다는 뜻이다.

침례교인은 전통적으로 "하나님 말씀의 백성"을 자처하며 그것을 목표로 한다. 침례교인들이 모인 것도 성경의 말씀에 따라 성경적인 교회를 이루고 성경대로 행하기 위해서이다. 침례교인들에게 있어서 핵심가치는 "교회" 그 자체라고 말할 수 있다. 하나님께서 세우신 기관이요 그리스도의 몸인 교회의 구성원리가 밖으로 확장하여 개별교회들 간에 성경적 교제와 협력을 위하여 모인 것이 지방회이며, 더욱 확대된 것이 총회이다.

다시 말하면, 총회의 구성원리가 지방회를 구성하고, 개별교회는 지방회 혹은 총회의 구성원리 혹은 기준에 맞춰 구성하는 것이 아니라 오히려 그 반대라는 뜻이다. 개별교회를 정밀하게 성경에 일치시키고 그 원리를 실현한 경험을 지방회와 총회로 확대시키는 것이 침례교회다운 방식이다. 그래서 우리는 이렇게 질문해야 한다. 우리 총회규약은 모범적인 지방회규약을 따르고 있는가? 그리고 지방회규약은 모범적인 개별교회 규약을 본받아 다듬어지고 있는가? 그러면 교회규약은 성경에 순종하는가?

그래서 우리는 궁극적으로 이렇게 질문해야 한다. "우리 교회규약은 성경이 가르치는 방식을 철저히 따르고 있는가?" 거꾸로 이렇게 질문할 수도 있다. "우리 교회규약을 그대로 가르치면 성경공부가 제대로 되고 성경의 원리를 확실히 알 수 있는가?"라고. 여기에 긍정적으로 답할 수 있는 교회가 얼마나 될까?

> **교회규약에서 규칙이 아니라
> 성경적 원리를 배울 수 있어야 한다.**

지난 30년간 한국교회는 자본주의 이념에 무방비로 노출되어 소위 번영신학(繁榮神學)에 물들더니 근자에는 "교회부흥"을 지상과제로 삼아 인본주의적 경영학 원리가 너무 많이 침투해 들어왔다. 특히 담임목사 임기제 혹은 재신임제도를 채택하는 경향이 늘고 있는데 이는 심히 조심스러운 일이다.

담임목사 임기제나 재신임제도 채택의 배경에는 목사들의 추태와 나태가 있고 차제에 목사직과 목회의 합리성, 공정성을 확보하여 혼란을 줄이려는 의도가 있다. 그 의도는 선하다고 말할 수 있고 선의로 받아들일 수도 있다. 그러나 말씀의 백성이 자신들의 정관에 어떤 제도를 받아들이거나 규정을 만들 때 민주성, 합리성, 공정성 등 그 어떤 가치보다도 우선해야 할 것은 성경과 성경의 정신에 일치하느냐는 점이다.

재신임 제도를 시행하기 위해서는 자연스럽게 시무기간과 재신임 의결정족수를 정할 수밖에 없다. 이 전체를 성경에 비춰보아야 한다. 이 제도의 효과가 아무리 좋다한들 성경적이라고 말하기는 어렵다.

첫째, 성경 어디에도 정식으로 수임된 항존직에 임기제한이 없다. 사도나 혹은 사도가 파송한 직분자에게 임기가 없었다. 성경은 교회를 가정에 비유하는데 아버지가 계속 아버지로 남기위해서는 자녀들의 재신임을 통과해야 하는가?[46] 그렇다면 자녀들은 왜 재신임받지 않는가? 둘째, 성경에는 교회직분자를 그리스도의 뜻이 아니라 교인들이 제도적으로 재신임하는 경우가 없다. 성경에서 교회는 자녀를 하나님 앞에 세우기 위한 예배와 양육기관으로 두었고 이 목적을 위해 성경적인 제도를 두었지 그 반대는 아니다. 셋째, 교회회원의 과반수 심지어 2/3 지지를 받아야 재신임되어 담임목사 직무를 계속하도록 규정하는 것이 일반적인데 이 의결정족수 역시 성경적이지 않다.

특히, 재신임 의결정족수를 과반수 특히, 2/3로 정한 것은 "왠만하면 다시 안 뽑겠다"는 뜻이고 잘 하는지 못 하는지를 교인의 눈높이로 보겠다는 뜻과 다를 바 없다. 이 경우 담임목사는 자신을 지지하는 회원이 의결정족수를 넘는다는 계산이 서지 않는 한 당당할 수 없다.

이보다는 오히려 불신임 정족수를 2/3 혹은 3/4으로 정하는 것이 재신임 정족수를 정하는 것보다 성경적이다. 이것은 "왠만하면 같이

---

46. 필자는 여기에서 흔히 말하는, "목사는 영적 아버지이고 교인들은 영적 자녀들"이라는 관념이 옳다고 인정하는 것은 아니다. 대개는 이 관념을 카리스마적, 봉건적, 독재적 횡포를 정당화하는데 사용하기 때문이다. 하루종일 힘들게 땀흘리며 일해서 자녀들을 먹이고 입히고 공부시키고 밑천을 대주는 희생적, 섬김의 측면에 초점을 둔다면 그 표현이 타당할 수 있다고 본다.

갑시다"라는 뜻이다. 담임목사가 하나님 앞에 바로 서서 회중을 옳게 인도하고 있다고 확신하는 교인이 1/3이나 1/4만 넘으면 사람 눈치 보지 않고 소신껏 목회를 펼칠 수 있다는 뜻이다.[47]

**재신임제도는
결코 성경적이지 않다.**

재신임제도는 그 선의에도 불구하고 자칫하면 목회책임자인 담임목사를 사람 앞에 세우고 사람 앞에 엎드리게 만드는 악폐를 만들 수 있다. 담임목사를 하나님의 말씀을 가르치고 성도를 타이르고 꾸짖어서 하나님 앞에 바로 세우고, 하나님의 선하심과 자비를 보여 주는 책임을 맡은 자가 아니라 경영성과를 교인 앞에 보여 주는 경영자로 만들 수도 있다. 경영계획서를 보고 경영자를 판단하듯이 목회계획서를 보고 목회자를 판단하려고 드는 오류를 범하고 있음에도 그 잘못을 깨닫지 못하는 수도 있다.[48]

사무처리회 의장직을 누가 맡아야 하느냐는 문제, 업무분장의 문제, 호칭장로 문제, 시무집사의 정년 등으로 인한 알력은 결국 명문화된 교회규약에 고스란히 나타나기도 한다. 그리고 그것은 우리의

---

47. 게다가 재신임을 여러 차례 반복하는 것도 옳지 않다. 굳이 하겠다면 한, 두 번으로 그쳐야 한다. 한국교회의 병폐를 단지 일인 담임목사제나 평생담임목사제도서만 찾아서는 안 된다.
48. 한국교회의 병폐는 목사의 재신임이 아니라 제도지상주의적, 학벌주의적 신학교육 및 목사선발제도를 회중주의 방식으로 바꾸는 개혁에 있고, 장로의 재신임이 아니라 회중주의적 원칙의 확립에 있다.

"본질", 우리의 실체를 적나라하게 보여 주는 설계도이다.

우리 자신은 성경적이라고 하면서도 정작 교회규약은 사람이 교회의 주인이라고 말하고 있는 것은 아닌지, 하나님의 뜻대로 하겠다고 거품을 물면서도 민의(民意)에 추종하고 있는 것은 아닌지 항상 반성해야 한다. 성경에 비추어 우리 자신의 실천과 문화를, 그리고 그 결정체의 정수인 "규약"을 바로잡아 나가는 백성들이 되어야 한다. 우리가 가장 성경적인 백성이라는 우리 자신의 고백과 우리의 규약을, 성경에 일치시켜나가는 이것이야 말로 성경적 자정능력이라 하겠다.

에필로그를 대신하여

[회중주의에 바라다]

70-80년대, 대단한 카리스마적 지도자들에 의해 이뤄진 한국교회 부흥은 교회론에 대한 깊은 성찰과 구현 그리고 성도들의 정치 역량의 함양에는 오히려 큰 장애물이 되었다. 또한 이미 그 한 세대 전에는 폐기되었어야 마땅한 네비우스 선교정책*을 난공불락의 원칙으로 만들어버리는 과오를 범하고 말았다. 사실상 한국에서 말하는 개교회주의는 네비우스 원칙 가운데 하나인 '개교회 재정독립'을 가리킨다. 결과적으로 각 교단마다 70%에 달하는 미자립교회들이 무대책으로 방기되고 있는 현실을 초래했다. 교구제도를 기반으로 설계된 장로교회에서 네비우스 선교정책을 취했다는 것 자체가 말이 안 된다. '개교회주의'라고 종종 오해될 정도로 개교회 독립성을 강조하는 침례교회 회중주의에서도 네비우스 선교정책은 받아들일 수 없는 정책이다. 이런 문제 역시 근본적으로는 회중주의를 연구해야 해답을 얻을 수 있는 이야기이기에 회중주의에 바라는 바를 적어본다.

---

* 네비우스 선교정책: 자립(self-governing), 자급(self-supporting), 자전(self-propagation)하는 교회를 설립하는 것

특별기고를 마무리하며

(08.09.05)

그동안 이어온 침례교회 회중주의 정체성에 관한 특별기고를 잠시 마무리해야 할 때가 온 것 같습니다. 불현듯 시작하였다가 불현듯 끝내는 것이 못내 아쉽습니다. 침례교인이지만 이 땅의 훨씬 훌륭한 무수한 침례교인들과 심지어 목사님들 앞에서 침례교회의 정체성을 운운하는 것이 겸연쩍어 좌불안석일 때가 적지 않았습니다. 원고를 붙들고 밤을 새운 적도 여러 날이었습니다.

교단의 현안문제로부터 시작되었지만 침례교회의 근본과 원리가 무엇인가에 관한 숙고와 고찰의 기회가 되었고 부족한 점이 많았음에도 많은 이들과 함께 나눌 수 있는 기회가 되었습니다. 질책과 지적을 많이 기대하였지만 오히려 따뜻한 격려와 위로가 많았습니다.

침례교회의 교회론이 타 교파 교회론과 근본적으로 다릅니다 그 "접근방식"도 다릅니다. 타 교파는 그 접근방식의 속성상 더 이상 교파로서 존재할 수 없고 단지 종교단체에 불과한 "교단"으로 전락한 지 오래 입니다. 성경과 성령, 그리고 믿음에 의해 연합한(associated 혹은 united) "교회"가 아니라 "헌법"에 의해 묶인 "교단"(denomination)이 되고 말았습니다. 교회들이, 교회들의, 교회들을 위해, 기구를 만드는 것이 아니라 기구가 기구를 위해 만든 법에 의해 교회들을 통제하고 간섭하는 교단의 늪이 헤어날 수 없는 지경이 되고 말았습니다. 최상부 회의체인 총회가 그 하부 회의체들을 "헌법"에 의해 다스리는 그 계층구조를 기층민인 "교인"들이 어떻게 개선할 수 있겠습니까?

침례교회 교회론만이 우리에게 뿐만 아니라 이 땅의 모든 교회에도 희망입니다. 침례교회의 교회론이 진정으로 성경적이기 때문입니다. 게다가 성경의 원리를 놀랍도록 깊이 발견하여 구체화하였고 이미 오랫동안 실천해온 역사가 있습니다.

침례교회 교회론의 핵심은 구원론적 용어로 말하자면 "유니오 미스티카"(unio mystica, 신비적 연합), 교회론적 용어로 말하자면 "어소시에이션"(association) 즉, 우리가 "지방회"로 자주 번역하는 그 용어로 집약할 수 있습니다.

교회론의 전개순서는 개별신자 → 개별교회(congregation 혹은 assembly) → 지방회(association) → 총회(general association)가 절대적으로 옳습니다. 침례교회론의 전체 중심은 "(개별)교회", 그중에서도 내적 본질인 "회중"에 두어야 옳습니다. 이 회중 역시 가장 기본적인 의미에서 "어소시에이션"(association)입니다. 우리 구원이 그리스도와의 신비적 연합과 교제에 있고, 그 연장선에 성도들의 신비적 연합과 교제가 있습니다. 이처럼 우리가 지방회로 번역하는 "어소시에이션"은 구원론과 교회론의 핵심을 담은 용어입니다. 그렇기 때문에 우리는 우리의 교회론에 있어서 타협이 있어서는 안 됩니다. 조금이라도 소홀히 해서도 안 됩니다.

　침수침례가 침례교인이라는 이름을 주었지만 더 이상 침례교인들만의 상징이 아닙니다.[49] 아직 일부지만 장로교회나 타 교파교단에서 공식적으로 허용하거나 공인하는 교회의식이 되었습니다. 사실 침수침례는 성경이 요구하는 것이기 때문에 기독교의 모든 교단이 침수례로 시행해야 마땅합니다. 그러나 교회구조를 성경의 관점에 일치시키고, 교회간교제(interchurch fellowship) 역시 성경적 방식으로 구성하는 것은 침례교회밖에 없습니다. 그러므로 침례교인은 침례교회다운 교회를 세우고 침례교의 정신으로 연합함으로써 침례교회의 아름다움을 보여 주어야 할 사명이 있다고 말할 수 있습니다.

　이것이 특별기고를 연재하면서 마음에 담아둔 순서였습니다. 그동안 22회차까지 오면서 개별교회의 독립성(particularism)과 자유연합(free association)을 둘러싼 주제들, 목사와 사무처리회를 둘러싼 현안을 침례교적 관점과 정신을 고찰하고 모색해왔습니다.

　전신자제사장 교리, 제직분의 동등성을 주장하면서도 목사직의

---

49. 사실 침수침례를 "뱁티즘"의 방법문제로만 보는 것은 매우 유감스러운 일이다. 방법보다 중요한 것은, 뱁티즘을 받는 이의 "신분상태"이고 이것은 교회회원 자격 및 교인총회 구성, 사무처리회 운용에 결정적인 영향을 미친다. 따라서 한국교회가 자정능력을 상실할 정도로 문제가 심각하다면 그 첫 번째 단추는 "뱁티즘을 '어떻게' 주었느냐"라는 문제이다. 그런 점에서 침례교회의 전통은 매우 중대한 의미를 갖는다. 이에 관해서는 필자는 전작인 「순수교회의 회복」(도서출판 누가, 2006)에서 자세히 다뤘다.

특별성, 개별교회의 독립성과 회중의 전폭적인 참여를 살리면서도 자유연합(자발적 참여)의 정신을 잃지 않는 절묘함이야말로 침례교회의 정체성을 건강하게 운용하는 비결입니다. 가끔씩 제 글이 혼란스러웠던 것도 그 중용의 도를 올바로 표현하기 위함이었습니다.

본래 욕심은 앞으로 5 회 정도 "운영위원회"를 다룰 생각이었습니다. 자칫하면 장로교회의 당회보다 더 나쁜 기구가 될 수 있는 운영위원회는 그렇기 때문에 침례교회다운 모습을 갖추기 위해서는 매우 세심히 다뤄야할 조직입니다. 운영위원회를 다룬 뒤에야 직분 문제를 다룰 수 있고, 그제서야 호칭장로 문제라는 현안을 거론할 수 있을 것이라고 생각했습니다.[50]

교회는 하나의 독립된 몸(a independent body)이며 독립된 개인들의 연합체(an united association)라는 침례교적 관점을 명확히 정리한 뒤에 침례교회들의 지방회와 지방회헌장(규약) 작성의 몇몇 중점사항들을 다룰 생각이었습니다.

지금까지 22회를 다루면서 부단히 자료를 모으고 궁구한 끝에 이런 순서가 참으로 침례교회다운 순서이며 성경적으로도 옳다는 확

---

50. 호칭장로 문제를 본격적으로 다루지는 않았지만 미 발표의 글을, 본서의 제 3부의 여섯 번째 글 "장로직제에 관하여"라는 제목으로 수록하였다. 사실 2008년 9월에 모인 기독교한국침례회 제 99차 정기총회에 상정된 호칭장로직제안 및 그 시행세칙은 왜 하필 장로교회식으로 하자고 고집하는지 참으로 개탄스러울 뿐이다. 다행스럽게도 근소한 차이로 부결되었다.

신에 도달하였습니다. 멋 모르고 밟은 길이 정도(正道)였습니다.

하나님의 크신 은혜로, 17세기에서 19세기에 이르는 영미 회중주의와 침례교회 역사자료들을 구할 수 있었습니다. 장로교회보다 훨씬 탁월하며, 한국교계에 놀라운 가능성을 제시할 수 있는 것이 침례교회의 교회론이라는 확신이 그 자료들을 검토하는 과정에서 깊어졌습니다. 그렇습니다. 분명 총회라는 명칭은 같아도 침례교회의 총회와 타 교파의 총회는 완전히 다를 뿐만 아니라, 전국적인 차원에서의 총회조직일지라도 맨 마지막으로 전개하는 것이 침례교적 방식입니다.

부족하지만 지금까지의 과정에서 미국 남침례회 총회(SBC)의 역사와 조직방식, 그리고 우리 교단의 조직방식을, 그리고 성경적인 교단의 모습은 어떤 것인지에 관해서도 약간이나마 눈을 뜨게 되었습니다. 미욱한 종에게는 참으로 감당하기 힘든 깨달음이고 본인의 미숙함이 오히려 장애물이 될 때가 많았던 것 같습니다.

본인의 글은 본인이 전적으로 책임지겠다고 약속하고 저 자신의 소신 이외에는 누구로부터도 간섭을 받지 않고 눈치도 보지 않고 이익을 바라지도 않고 첫 회부터 지금까지 글을 써왔습니다. 이 과정에서 단순히 전달자 역할을 할 뿐인 침례신문과 기자들이 적잖이 고초를 겪은 줄로 압니다. 광고도 줄었다고 합니다. 정체성에 관한 내용을 객관적으로 진술하지만 현안 즉, 정치적 이해관계에도 관련이 있어서 관련된 분들도 많이 속상하였을 것입니다. 너그러이 양해해 주시기 바랍니다.

미흡한 글솜씨에 회당 200자 원고 18-20매라는 분량으로 하나씩 점검해 나가는 것은 본인에게는 도전이었지만 많은 독자들에게는 분명 지난하다 못해 지루한 여정이었을 것입니다. 다행스럽게도 자유로 지방회 컨퍼런스 위원회가 제 2회 컨퍼런스 강사로 초청해 주어, 자신을 돌아보며 성찰할 수 있는 계기가 되었으며 사료에서 약간의 자료를 정리하여 공개할 수 있게 되었습니다.

이제 98차 정기총회를 눈앞에 두고 있습니다. 우리 교단총회의 현재 모습을 성찰하고 장차 되어야 마땅한 모습을 깨닫고 그 완성을 위해 뜻과 힘을 모아야 할 때입니다. 진정 침례교회다운 모습이 무엇인가만을 고민하면 그 자체로 성경적이 되는 교파에 속해 있다는 것이 참으로 감사할 따름입니다. 침례교회답기만 하면 성경적일 수 있고 하나님을 영화롭게 할 수 있으며, 하나님의 마음에 합한 일을 완성할 수 있다는 것은 정말 놀라운 일입니다. 이보다 더 큰 축복이 어디에 있겠습니까? 주님께서 주신 좋은 자료들을 살펴보며 자성하는 시간을 갖고, 주님께서 허락하실 때 좀 더 좋은 글과 모습으로 다시 찾아뵙겠습니다.

회중주의의 정체성은 무엇인가?
개교회주의가 회중주의는 아니다. 침례교회 정체의 왼편에는 장로교회정체가 있고, 오른편에는 독립교회정체가 있다. 그렇다고 장로교회정체와 독립교회정체를 절충한 것은 아니다. 침례교회 정치원리는 특수주의와 연합정신에 있다. 자발적 연합은 선택사항이 아니다. 개별교회가 회중주의를 해야 진짜 회중주의가 살아난다. 민주주의가 회중주의를 대신할 수 없다. 교회론의 미세한 차이는 결코 사소한 것이 아니다. 신앙은 양심 그 이상의 것을 요구한다.

[부록]

지방회(총회) 모범규약(안)

성경적 교회는 회중이다.

회중 한 사람 한 사람이 완전한 독립국가처럼 기능한다고 본다. 그러나 그 나라는 극단적 애국주의로 무장하여 국경선을 가시철망으로 두르고 무장한 국경수비대가 단단히 지키고 서 있는 그런 나라가 아니다.

회중주의는 개별교회의 독립성과 자율성을 근간으로 하지만 자유연합을 이뤄야 완성된다. 이것이 '기독교한국침례회' 라는 교단이 독보적인 가치를 갖는 이유이다.

독립교회, 가정교회, 그리고 다른 유사 침례교단들이 회중주의를 주장하지만 기독교한국침례회와는 비할 바가 아니다. 참고로 여기 모범규약안을 싣는다. 실제로 사용되는 규약안이며, 가장 침례교회다운 규약안이다.

지방회(총회) 모범규약(안)

I. 헌장

1. 지방회(총회)의 설립

   A. 지방회의 명칭

   본회의 명칭은 ******지방회이다.

   B. 본회의 성격

   1. 본회는 회원교회들의 이익을 도모하고 회원교회들 사이에서 발견된 공동의 대의를 증진하기로 헌신한 개혁주의 침례교회들로 구성된다.

   2. 교회들의 상호의존성을 도모하려고 노력하지만 본회는 각 회원교회의 독립성을 인정하고 존중한다.

   3. 교회들이 이런 식으로 연합하는 선례를 사도적 관행에서 찾을 수 있다(행 15장, 고후 8:18-24, 갈 1:2, 22, 골 4:13-18). 역사적 사례도 많다(1689-92년의 잉글랜드 총회, 1707년의 미국 필라델피아 지방회). 우리 침례교 선조들이 신앙고백에서 표명한 입장들(1689년 신앙고백서의 제 26장 14-15절), 가시적 연합을 탄원하는 그리스도의 기도(요 17:20-23), 그리고 기독교적 분별력과 지혜가 이를 보증한다.

C. 본회의 목적

교리적 기초를 공감하는 교회들은 서로 교제를 나눠야 한다고 믿는다.

본회의 목적은, 신앙고백을 공유하는 교회들은 격려 원조 교화 상담을 주고받고, 국·내외선교 사역훈련 출판과 같이 단일한 교회가 하기 어려운 일에 있어서 협력적 노력에 참여하는 교제를 제공함으로써 그리스도의 나라를 증진하는 것이다. 또한 본회가 적절하다고 여길 수 있는 다른 일들도 여기에 포함된다.

2. 본회의 표준

A. 신앙고백서

(우리 신앙과 실천의 최종적 원천인) 66권 성경에서 발견되는 하나님의 말씀은 무오·비가류하며 충분하다고 줄기차게 견지하지만 1689년의 런던침례교신앙고백(the London Baptist Confession of Faith of 1689)을, 성경에서 발견된 교리의 신실한 표현이라고 받아들여 채택한다. 이 신앙고백에 대한 전적 동의(full subscription)가 본 지방회의 교리적 입장이다.

B. 지방회 규칙

본 헌장은 본회의 궁극적인 통치규준이다. 그러므로 본회의 행동은 반드시 본 헌장에 부합해야 한다. 본 헌장에 있는 어떤 규칙도 공식적으로 소집된 사무처리회에서 출석·투표권자 2/3 동의에 의해 수정된다. 이때 수정안은 표결에 붙이기 최소 60일 전에 서명으로 배포되어 있어야 한다. 수정안은 가결·승인된 이후에 본 헌장에 들어온다.

C. 정책

행정평의회(Administrative Council) 혹은 회원교회가 새로운 정책과 수정안을 제안할 수 있다. 이와 같은 제안들은 행정평의회에 서면으로 제출되어야 한다. 행정평의회는 접수받은 제안들을 본회가 적절하게 소집되기 최소한 60일 전에 모든 회원교회에 보내야 한다.

적절히 제출된 제안은 의회절차에 관한 ARBCA 규칙에 맞춰 총회에서 수정된다. 제안이 통과되기 위해서는 출석·투표권자 2/3 동의가 있어야 한다. 승인된 이후에 해당 정책은 본 헌장에 첨부된다.

행정평의회는 활동·절차 상의 정책을 채택할 권한을 가진다. 그러나 입장에 관한 혹은 주된 정책을 채택할 권한은 없다.

3. 본회의 권위

　A. 권위의 원천

본회는 본회의 지역교회들의 연합적 권위에 의하여 존재한다.

B. 권위의 한계

 1. 본회의 노고에 있어서 회원교회들에 의한 모든 협력은 엄격하게 자발적이어야 한다. 본회는 회원교회에게 본회의 목적을 뛰어넘는 어떤 요구도 해서는 안 된다.

 2. 본회는 본회에 가입을 청원한 교회를 추천하거나 철회할지를 판단할 권한을 가진다. 어떤 회원교회에게서 추천을 철회할 권세를 가진다. 본회는 본회가 지역교회에 부여한 것 즉, 본회의 세심한 추천을 제외한 어떤 것도 지역교회로부터 가져갈 수 없다.

 3. 본회는 회원교회의 문제에 개입할 수 없다. 본회는 적절하게 선임된 자들의 다수에 의해 혹은, 해당교회 자체의 헌장 혹은 규약에 합치한 회중의 요청에 의해 요청받았을 때에만, 회원교회에 조언을 제공한다. 교회가 요청하였을 때 본회는 그 교회에 조언을 하지만 그 판단을 강요할 권세는 가지고 있지 않다. 회원교회를 통하여 제기되지 않고 교회 내의 개인들 혹은 그룹의 요청에는 응하지 않는다.

C. 업무집행 권한

본회는 본회의 목적과 기능을 성취하기 위해 자금을 출납하기 위해 은행계좌를 개설할 권한을 가진다. 본회의 피택된 직분자 혹은 이명된 위원들을 통해 자산을 획득하고 업무를 집행할 수 있다.

4. 본회의 회원권

   A. 본회의 범위

   미합중국과 캐나다에 있는 교회는 본회의 회원이 될 수 있다.

   B. 본회 회원의 자격요건

   본회의 회원교회가 되기 위해서는 반드시 다음과 같은 요건을 갖춰야 한다.

   1. 1689년 런던침례교신앙고백에 전적으로 동의해야 한다.
   2. 헌장 및/혹은 규약을 갖춰 조직되어 있고 본 헌장의 표준에 따라 기능하며 최소한 1인의 교회직분자가 있어야 한다.
   3. 본 헌장을 준수하겠다고 동의해야 한다.
   4. 적어도 한 회원교회의 추천을 확보해야 한다.
   5. 주님께서 주신대로, 본회의 기금에 희생적인 기부를 해야 한다.
   6. 매년 본회의 총회에 메신저를 파송해야 한다.

   C. 본회 회원자격 획득절차

1. 본회에 회원자격을 요청하는 교회는, 회중의 동의비준서와 최소한 한 회원교회의 추천서를 첨부하여 본회의 행정평의회에 서면으로 지원해야 한다. 회원자격 획득을 위한 청원은 본회의 총회가 열리기 최소한 90일전에 접수되어야 한다.
2. 행정평의회는 지원교회가 본회의 교리적 표준에 일치하고 기타 요건을 충족시켰음을 확인하면 총회에 해당교회의 허입을 추천한다. 일체의 적절한 문서들을 첨부한 가입청원서 사본을, 총회가 열리기 최소한 45일 전에 모든 회원교회에 보내야 한다. 회원교회들은 행정평의회에 이의를 제기할 수 있다. 그러나 통지서를 발송할 날로부터 15일 이내에 이의를 제기 받아야 한다.
3. 가입을 청원한 교회의 메신저들은 반드시, 총회 석상에 출석하여 그 교회의 신앙, 실천 및 본회을 전심으로 후원하겠다는 의지를 만족스럽게 입증해야 한다. 충분히 입증되었으면 가입청원 교회는 총회에 출석한, 투표권을 가진 모든 메신저의 3/4 동의에 의해 회원권을 획득한다.

D. 본회 회원권의 종료
　1. 탈퇴에 의해.
　　본회를 탈퇴하기 원하는 회원교회는 행정평의회 의장에

게 그 사유를 표명하는 탈퇴서를 제출하면 된다. 본회는 회원교회의 탈퇴에 관해 언급할 권리를 갖는다.

2. 출교(박탈)에 의해.

   a. 본회는 회원교회로부터 그 회원자격을 박탈할 수 있다. 이와 같은 조치는 다음과 같은 사항이 그 교회 혹은 그 직분자들에게서 지속적으로 발생할 때 취해야 한다.

   (1) 본회의 교리적 표준으로부터의 일탈.

   (2) 불의한 행위.

   (3) 본회의 활동에 대한 관심 부족. 예를 들면, 본회의 연차 총회에 2회 연속으로 메신저를 보내지 않는 경우 혹은, 행정평의회의 위원에게 사전 해명 없이 2년 연속으로 기금을 제공하지 않는 경우가 이에 해당한다.

   b. 회원권 박탈을 고려하게 되면, 행정평의회는 문제의 교회에 그 의도를 서면으로 통지해야 한다. 이 통지는, 회원권 박탈에 관한 의견서가 회원교회에 회람되기 전에 해당교회에 보내야 한다. 행정평의회가 회원권 박탈을 제안하기 전에, 해당교회는 행정평의회의 조치에 항거할 기회를 가져야 한다.

   c. 합리적인 시간 내에 해당교회로부터 일체 반응이 없

거나, 해당교회의 반응이 부적절하다고 평의회가 만장일치로 동의하면, 적절히 소집된 차기 총회에서 회원권 박탈을 위한 제안을 모든 회원교회에 회람한다.

d. 이와 같은 조치는 오직, 행정평의회가 문제를 성경적 방법으로 해결하려고 근실히 노력한 뒤에, 그리고 이와 같은 노력이 무위로 끝난 뒤에 취해야 한다.

e. 본회가 총회로 모였을 때 평의회의 평결에 따라, 출석한 투표권을 가진 대의원 3/4의 표결에 따라 그리고 위에 언급한 절차에 따라, 회원권을 박탈한다. 어떤 교회의 회원권을 박탈하였을 때에는 그 사실과 그 사유를 서면으로 해당교회에 통지해야 한다.

5. 본회 회원교회들의 특권과 의무

   A. 본회 교회들의 추천

   각 회원교회는 본회에 의해 예수 그리스도의 참되고 질서가 잡힌 교회로 인정받고 추천받는 특권을 누린다. 그러므로 각 회원교회는 다른 모든 회원교회의 평화와 선한 이르을 증진하는데 헌신하여야 한다.

   B. 본회 교회들의 교제

   회원교회들은 정규적으로 교제를 나누고 기도하며, 총회에 메신저를 보내고, 지방회 모임을 가지도록 한다.

교제는 다른 회중들에게 합법적인 유익이 되는 교회활동에 관한 정보를 자매교회들에게 기꺼이 전달해주는 것을 요구한다.

C. 본회 교회들의 협력

그리스도의 대의를 증진함에 있어서, 회원교회들은 본회가 추진하는 협력사업에 후원할 것을 촉구한다. 이것은 본회의 사역에 대한 재정적 기여를 포함한다.

D. 본회 교회들의 상담

회원교회는 어려운 문제를 겪을 때 기꺼이 자매 회중들로부터 상담을 받으려고 하고 또 받아야 하며, 상담을 요청받을 때 이에 응해야 한다. 본회는 런던신앙고백 제 26장에 서술된 절차를 따른다.

본회에 제기된 특수한 사정은 본회가 필요하다고 판단할 때만 공표된다.

본 조항의 기대를 충족시키지 못하는 것에 본회는 관심을 기울일 것이며 극단적인 경우에는 본회로부터 축출될 근거가 될 수 있다.

6. 본회의 행정

A. 총회(General Assembly)

1. 회의의 소집

회원교회가 파송한 메신저들은 적어도 1년에 한 번씩 총회로 모인다. 통상, 최소한 90일 전에 미리 시간, 장소, 목적에 관해 모든 회원교회에 통지한다. 회원교회는 모이기 전에, 제안된 의사일정, 행정평의회 후보자의 명단이 담긴 사본을 받아야 한다. 긴급한 회합은 평의회가 소집한다. 이 경우에도 적어도 30일전에 모든 회원교회에 통지되어야 한다.

2. 회의 출석

총회는 모든 회원교회들의 대의원 총회이다. 교회는 총회에 가능한 많은 수의 지체를 보내도록 한다. 각 교회는 본회의 회무에서 동등한 투표권을 갖는다. 그 목적을 위해 각 교회는 그 개별회중의 직분자 혹은 직분자를 역임한 2명을 투표권자로 지명한다.

3. 회의진행

회무는 본회의 회의절차에 관한 규정에 따른다.

본회 회무(사무처리회)의 의결정족수는 회원교회의 과반수이다.

4. 본회 사무처리회의 책임

   a. 행정평의회 의원과 조정자(Coordinator)의 선거

   b. 총회회의록 승인

   c. 재정보고의 승인

   d. 회원교회의 허입 및 퇴출

   e. 헌장 수정안의 승인

   f. 본회사업의 기금 조성을 위한 예산안 채택

   g. 본회사업에 관련된 정책의 채택

   h. 우리의 상호 사랑과 서로에 대한 관심 그리고 하나님의 영광으로 인해 발생한 사무의 처리.

B. 본회의 임원

   1. 본회의 통치체는 회원교회의 투표권을 가진 메신자로 구성된다. 5명 이상 15명 이하의 인원을 선출하여 평의회를 구성한다. 교회들은 총회로 모이기 4개월 전에 행정평의회 후보자 명단을 제출한다. 행정평의회는 최종적인 후보명단을 총회에 제출하여 표결에 부친다.

   2. 행정평의회 구성원은 2년 임기이며 4회 임기기간을 연속해서 재임할 수 있다. 그 구성원은 교회의 현재 직분자이거나 직분자를 역임한 자들이며 현재 본회에 속한 교회의 회원인 자들 중에서 선택되어야 한다.

3. 행정평의회는 매번 지방회 총회(General Assembly)가 끝난 뒤 모이는 첫 번째 회합에서 의장, 부의장, 서기, 회계를 선출한다. 본회의 임원은 본회가 취득한 재산에 대해 이사로서 섬긴다.

4. 행정평의회의 모든 회의록은 모든 회원교회에 보내야 한다.

5. 필요한 경우, 본회를 위하여 특수한 임무를 이행하도록 다른 임원이나 위원들을 본회의 지도에 따라, 임명할 수 있다.

6. 본회는 필요할 때, 행정관과 기타 간사들을 고용할 수 있다.

C. 위치

본회는 사무실을 두는 그 주에서 법인화한다.

D. 해산

본회를 해산할 때 어떤 회원교회이나 개인도 본회의 자산을 분배받지 못한다. 본회가 해산될 때 자산은 미해결된 부채를 청산하는데 사용되어야 한다. 남은 자산은 당시에 남아 있는 회원들에 의해 비영리 기독교단체 혹은 선교사들에게 분배해야 한다.

II. 총회 및 회의의 회의규칙

우리가 총회로 모일 때 교회문제와 본회사무를 성경적이고 교회적 방법으로 처리해야 한다. 그러므로 우리의 총회를 상세한 의회규칙을 준수하도록 묶어두어서는 안 된다. 상세하게 규정한 의회규칙은 다른 회합에서는 적절한지 몰라도, 토론과 결정에서 상당한 자유를 요하는 교회총회의 형태에는 어울리지 않는다. 얼마간의 회의규칙은 모든 일을 품위 있고 질서정연하게 만들어줄 것이다(고전 14:40). 이런 마음가짐은 우리 특수침례교회 선조들과 17세기 런던 침례교 총회의 마음가짐이었다.

총회(General Assembly)의 첫째 날 오전에 회원교회의 메신저들은 점명하고 착석한다. 우호적인 사절들과 방문객들 혹은 손님들은 공식적으로 인정받기를 원한다면 스스로 신분을 밝히고 허락을 받는다. 총회는 경건예배, 설교, 강좌, 각 교회와 선교사들과 신학교육기관으로부터의 보고, 회무처리, 그리고 교회들이 필요하다고 여기는 기타 안건으로 구성된다.

1. 개회
   A. 주관 교회의 담임목사가 개회를 선언한다.
   B. 행정평의회의 결정에 따라, 그 담임목사는 의장으로 추천

된 인물을 지명추천한다. 동의를 받고 2/3득표에 의해 비준된다.

2. 총회 의장

   A. 피선된 의장은 연단으로 올라가 의장직에 취임하여 회의를 주재한다.

   B. 의장은 총회서기를 지명추천한다. 이에 동의를 받고 2/3 득표로 가결된다.

   C. 의장은 총회서기에게, 회원교회 메신저들을 점명하도록 요구한다.

   D. 의장은 부의장을 지명추천한다. 동의를 받고 2/3 득표로 가결된다. 부의장은 의장이 연설을 하는 등의 경우처럼 의사진행권을 양도할 필요가 있는 경우에만 일시적으로 의사를 진행한다.

   E. 의장은 모든 회무를 적절하고 신속하게 처리하도록 하고, 메신저들은 의사규칙과 예절을 준수하도록 한다.

   F. 의장은 우호사절들이나 방문객들을 환영하고, 수신된 환영사, 유감의 표명 등의 서신을 읽어준다.

   G. 의장은 발의되고 동의된 안건을 총회 앞에 제시한다. 표결에 들어가기 전에 모든 의문을 명백하게 진술한다.

H. 의장은 심리중인 안건에 관해 자신의 의견을 피력해야한다고 느끼는 경우에는 일시적으로 부의장에게 의사진행권을 넘기고 자기 의견을 피력해야 한다. 발언을 마친 뒤에 다시 의장직을 수행한다.

I. 의장은 사실관계를 진술한다든지, 의사진행상의 문제에 관하여 총회에게 정보를 제공하는 경우에는 의사진행 도중에라도 발언할 수 있다.

J. 의장은 어떤 발의 혹은 사람이 규칙을 어겼다고 선언한 권리를 가져야 하며 그 대권을 적절하게 받아들여야 한다.

K. 의장은 발의안에 대한 표결에 참여하지 않는다. 동수가 나왔을 때 의장이 투표권을 행사하여 결정토록 할 수 있다.

L. 의장은 자신과 관련된 문제를 다룰 때 의사진행을 할 수 없다.

M. 의장은 의사진행 규칙을 제정한다. 이 규칙에 대해서 메신저가 불만족스러운 경우 회의장에 호소하여 다수결에 의해 그 규칙을 바꿀 수 있다.

N. 의장은 적절한 언급과 기도로 폐회한다. 혹은 메신저 가운데 한 사람에게 폐회 기도를 요청할 수 있다.

3. 총회 부의장

   A. 의장이 항구적으로 의장직을 수행할 수 없게 된 경우 부의장이 의장을 대리하여 모든 의무와 특권을 이행한다.

   B. 부의장은 상황이 필요로 하는 한, 가능한 의장을 도와야 한다.

4. 총회 서기

   A. 서기는 총회의사 진행에 관한 정확한 기록을 유지해야 한다. 다음과 같은 사항이 포함된다.

   1. 총회의 개회와 폐회, 메신저의 명부

   2. 채택되든 부결되든 모든 주된 발의안, 받아들여지든 거부되든 모든 호소.

   3. 총회의 모든 결정.

   4. 본회의 회계보고 및 채택된 예산안

   5. 우호사절, 옵저버 혹은 방문객들, 발언자들의 명단.

   B. 다음 사항들은 기록에 남기지 않는다.

   1. 각하된 발의안, 단. 주된 발의안은 예외로 기록에 남긴다.

   2. 철회된 발의안.

   C. 회의록은 모든 회원교회에 보내지기 전에 행정평의회가 검토하고 교정해야 한다.

5. 교회가 지방회 총회에 파송한 메신저

　A. 각 회원교회는 투표권을 가진 메신저를 2명까지 보낼 수 있다.

　B. 지각한 메신저는, 손을 들어 의장에 의해 인정받고 서기가 등재한 경우에 착석한다.

　C. 착석한 메신저에게만 발언권이 주어지고 투표권이 주어진다. 우호사절, 방문자, 본회의 피고용인에겐 투표권을 주지 않는다.

　D. 예외자들은 의장이 인정하는 경우에만 발언할 수 있다.

6. 총회에서의 발언 방식

　A. 정의

　　1. 호소(appeal)

　　　호소는, 총회 혹은 의장의 결정 혹은 결의를 성경이나 본회의 신앙고백이나 헌장 혹은 현행 정책의 견지에서 검토하도록 적절하게 모인 총회에 제시하는 것이다. 호소는 회의가 진행 중인 현장에서 혹은 나중에 행정평의회에 서면으로 작성하여 보냄으로써 제기할 수 있다.

　　2. 전달(communication)

　　　전달은, 총회가 고려해보도록 정보나 아이디어나 생각 혹은 견해 혹은 불평이나 반대의견들을 제시하는 문서이다. (건의는 특정한 의결을 제안하지만 전달은 그렇지 않다는 점에서 건의와 전달은 구별된다.) 전달의 한 형태는 항의(이의제기)이다. 항의는 총회가 동의한 결정 혹은 의결과정에 불만 혹은 이의를 제기하는 것이다. 전달에 대해서는 총회가 어떤 의결을 해야 하는 것은 아니다.